Deutschland
Germany
Allemagne

Inhalt | Contents | Sommaire

Thomas Mann:

Deutschland und die Deutschen 6

Schleswig-Holstein 12
Hamburg 18
Mecklenburg-Vorpommern 22
Brandenburg 29
Berlin 30
Sachsen-Anhalt 34
Niedersachsen 37
Bremen 42
Nordrhein-Westfalen 45
Rheinland-Pfalz 50
Saarland 54
Hessen 57
Thüringen 61
Sachsen 64
Baden-Württemberg 68
Bayern 75

Anhang 80

Thomas Mann:

Germany and the Germans 8

Schleswig-Holstein 12
Hamburg 18
Mecklenburg-West Pomerania 22
Brandenburg 29
Berlin 30
Saxony-Anhalt 34
Lower Saxony 37
Bremen 42
North Rhine-Westphalia 45
Rhineland-Palatinate 50
Saarland 54
Hesse 57
Thuringia 61
Saxony 64
Baden-Württemberg 68
Bavaria 75

Notes 80

Thomas Mann:

L'Allemagne et les Allemands 10

Schleswig-Holstein 12
Hambourg 18
Mecklembourg-Poméranie occidentale 22
Brandebourg 29
Berlin 30
Saxe-Anhalt 34
Basse-Saxe 37
Brême 42
Rhénanie du Nord-Westphalie 45
Rhénanie-Palatinat 50
Sarre 54
Hesse 57
Thuringe 61
Saxe 64
Bade-Wurtemberg 68
Bavière 75

Appendice 80

Thomas Mann: Deutschland und die Deutschen

Unser größtes Gedicht, Goethes „Faust", hat zum Helden den Menschen an der Grenzscheide von Mittelalter und Humanismus, den Gottesmenschen, der sich aus vermessenem Erkenntnistriebe der Magie, dem Teufel ergibt. Wo der Hochmut des Intellektes sich mit seelischer Altertümlichkeit und Gebundenheit gattet, da ist der Teufel. Und der Teufel, Luthers Teufel, Faustens Teufel, will mir als eine sehr deutsche Figur erscheinen, das Bündnis mit ihm, die Teufelsverschreibung, um unter Drangabe des Seelenheils für eine Frist alle Schätze und Macht der Welt zu gewinnen, als etwas dem deutschen Wesen eigentümlich Naheliegendes. ... Soll Faust der Repräsentant der deutschen Seele sein, so müsste er musikalisch sein; denn abstrakt und mystisch, das heißt musikalisch, ist das Verhältnis des Deutschen zur Welt, – das Verhältnis eines dämonisch angehauchten Professors, ungeschickt und dabei von dem hochmütigen Bewusstsein bestimmt, der Welt an „Tiefe" überlegen zu sein.

Worin besteht diese Tiefe? Eben in der Musikalität der deutschen Seele, dem, was man ihre Innerlichkeit nennt, das heißt: dem Auseinanderfallen des spekulativen und des gesellschaftlich-politischen Elements menschlicher Energie und der völligen Prävalenz des ersten vor dem zweiten. ... (Die Deutschen) haben dem Abendland – ich will nicht sagen: seine schönste, gesellig verbindendste, aber seine tiefste, bedeutendste Musik gegeben, und es hat ihnen Dank und Ruhm dafür nicht vorenthalten. Zugleich hat es gespürt und spürt es heute stärker als je, dass solche Musikalität der Seele sich in anderer Sphäre teuer bezahlt, – in der politischen, der Sphäre des menschlichen Zusammenlebens ... Freiheit, politisch verstanden, ist vor allem ein moralisch-innenpolitischer Begriff. Ein Volk, das nicht innerlich frei und sich selbst verantwortlich ist, verdient nicht die äußere Freiheit; es kann über Freiheit nicht mitreden, und wenn es die klangvolle Vokabel gebraucht, so gebraucht es sie falsch. Der deutsche Freiheitsbegriff war immer nur nach außen gerichtet; er meinte das Recht, deutsch zu sein, nur deutsch und nichts anderes, nichts darüber hinaus, er war ein protestierender Begriff selbstzentrierter Abwehr gegen alles, was den völkischen Egoismus bedingen und einschränken, ihn zähmen und zum Dienst an der Gemeinschaft, zum Menschheitsdienst anhalten wollte. Ein vertrotzter Individualismus nach außen, im Verhältnis zur Welt, zu Europa, zur Zivilisation, vertrug er sich im Inneren mit einem befremdenden Maß von Unfreiheit, Unmündigkeit, dumpfer Untertänigkeit.

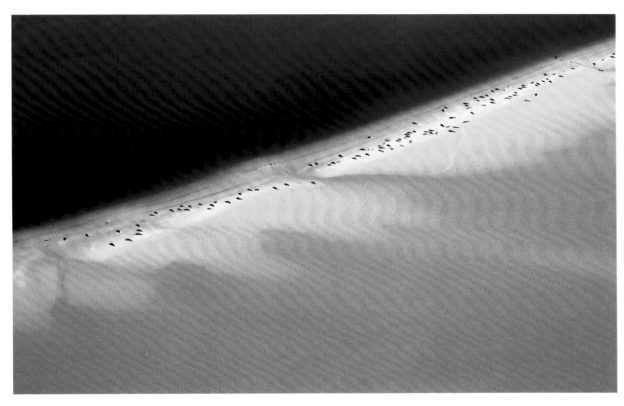

Wo das Land endet und das Meer beginnt: Auf den Sänden im ost- und nordfriesischen Wattenmeer aalen sich die zahlreichen Seehunde und Robben.

Where the land ends and the sea begins: Any number of seals bask on the beaches along the mudflats of East and North Frisia.

Où la terre prend fin et où la mer commence: de nombreux veaux marins et des phoques se prélassent sur les sables de l'estran en Frise orientale et septentrionale.

Gar besonders wunderbar wird mir zumute, wenn ich allein in der Dämmerung am Strande wandle – hinter mir flache Dünen, vor mir das wogende, unermessliche Meer, über mir der Himmel wie eine riesige Kristallkuppel –, ich erscheine mir dann selbst sehr ameisenklein, und dennoch dehnt sich meine Seele so weltenweit.
Heinrich Heine

I feel particularly wonderful when I walk along the beach in the twilight, with the dunes behind me, the surging, boundless sea before me, and the sky like a gigantic crystal dome overhead. That is when I feel as small and insignificant as an ant, and yet my soul stretches all over the world.
Heinrich Heine

Une merveilleuse émotion m'envahit lorsque je chemine seul sur la plage au crépuscule – derrière moi des dunes plates, devant moi l'immensité de la mer houleuse, au-dessus de moi le ciel tel une coupole de cristal géante – il me semble alors être aussi minuscule qu'une fourmi, et pourtant mon âme se dilate pour se confondre avec l'univers.
Heinrich Heine

Thomas Mann: Germany and the Germans

The hero of our greatest literary work, Goethe's Faust, is a man who stands at the dividing line between the Middle Ages and Humanism, a man of God who, out of a presumptuous urge for knowledge, surrenders to magic, to the Devil. Wherever arrogance of the intellect mates with the spiritual obsolete and archaic, there is the Devil's domain. And the Devil, Luther's Devil, Faust's Devil, strikes me as a very German figure, and the pact with him, the Satanic covenant, to win all treasures and power on earth for a time at the cost of the soul's salvation, strikes me as something exceedingly typical of German nature. ...

If Faust is to be the representative of the German soul, he would have to be musical, for the relation of the German to the world is abstract and mystical, that is, musical, – the relation of a professor with a touch of demonism, awkward and at the same time filled with arrogant knowledge that he surpasses the world in "depth."

What constitutes this depth? Simply the musicality of the German soul, that which we call its inwardness, its subjectivity, the divorce of the speculative from the socio-political element of human energy, and the com-plete predominance of the former over the latter. ... They (the Germans) have given the western world perhaps not its most beautiful, socially uniting, but certainly its deepest, most significant music, and the world has not withheld its thanks and praise. At the same time it has felt and feels more strongly than ever today that such musicality of soul is paid for dearly in another sphere, – the political, the sphere of human companionship. ...

Liberty, in a political sense, is primarily a matter of internal political morality. A people that is not internally free and responsible to itself does not deserve external liberty; it cannot sit in the councils of freedom, and when it uses the sonorous word, the application is wrong. The German concept of liberty was always directed outward; it meant the right to be German, only German and nothing else and nothing beyond that. It was a concept of protest, of self-centered defense against everything that tended to limit and restrict national egotism, to tame it and to direct it toward service to the world community, service to humanity. Stubborn individualism outwardly, in its relations to the world, to Europe, to civilization, this German concept of liberty behaved internally with an astonishing degree of lack of freedom, of immaturity, of dull servility.

Mittelgebirge – hügeliges Land, aus dem Berge hervor-ragen, weite Wälder, Hochebenen, tiefe, steilwandige Täler, kleine Bäche, die zu Flüssen werden. Abgesehen vom flachen Norden und Nordwesten ist die Bundes-republik ein welliges Mittelgebirgsland. Besonders aus dem Flugzeug wird das deutlich.

Mittelgebirge – hill country from which mountains protrude, extensive forests, high plateaus, deep, steep-sided valleys, small streams that develop into rivers. Apart from its flat northern and north-western areas, Germany is undulating, low mountain range country, as is especially apparent when seen from an aircraft.

Montagnes de moyenne altitude – paysage vallonné d'où émergent les sommets, vastes étendues de forêts, hauts plateaux, vallées profondes aux versants escarpés, petits ruisseaux qui deviennent rivières. Mis à part le nord et le nord-ouest, régions de plaines, la République fédérale est un pays de montagnes moyennes. Ceci est particulièrement manifeste quand on la survole.

„Über allen Gipfeln ist Ruh." Keiner hat die Faszination der deutschen Mit-telgebirgslandschaft wie hier im Hoch-sauerland in kürzere Worte gefasst als Johann Wolfgang von Goethe.

"All around is silence and rest." Nobody has expressed in fewer words than Johann Wolfgang von Goethe the fasci-nation of Germany's Mittelgebirge landscape, as here seen in the Hoch-sauerland.

«Sur toutes les cimes, le calme règne.» Aucun auteur n'a, mieux que Johann Wolfgang von Goethe, résumé en si peu de mots la fascination émanant du paysage mamelonné qu'offrent les massifs montagneux de moyenne alti-tude, comme le symbolise cette photo prise dans le Hochsauerland.

Thomas Mann: L'Allemagne et les Allemands

Le héros de notre plus grand poème, le Faust de Goethe, c'est l'homme à la frontière du Moyen Age et de l'humanisme, l'homme-Dieu qui, par un téméraire appétit de connaissance, s'adonne à la magie, se donne au démon. Là où l'orgueil de l'intelligence s'accouple à l'archaïsme et à l'allégeance psychique se trouve le démon. Et le diable, le diable de Luther, le diable de Faust, m'apparaît comme une figure très allemande, l'alliance avec lui, le pacte avec le démon, pour gagner temporairement tous les trésors et toute la puissance du monde en échange du salut, a toujours été très proche de la nature allemande. [...]

Si Faust doit être le représentant de l'âme allemande, il faudrait qu'il soit musicien; car abstrait et mystique, c'est-à-dire musical, tel est le rapport de l'Allemand avec le monde, le rapport d'un professeur à l'inspiration démonique, maladroit et en même temps poussé par la conscience altière qu'il dépasse le monde en «profondeur».

De quoi est faite cette profondeur? Précisément de la musicalité de l'âme allemande, de ce qu'on appelle son intériorité, c'est-à-dire de la séparation entre l'élément spéculatif et l'élément social-politique de l'énergie humaine, et de la prédominance absolue du premier sur le second. [...]

Ils [les Allemands] ont donné à l'Occident, je ne dirai pas sa plus belle musique, celle qui unit le mieux la société, mais sa musique la plus profonde, la plus significative, et il ne leur a pas marchandé la gratitude et la gloire. En même temps, il a senti et sent aujourd'hui plus fort que jamais qu'une telle musicalité de l'âme se paie cher dans une autre sphère – la sphère politique –, celle de la coexistence humaine. [...]

En politique, la liberté est avant tout une notion morale de politique intérieure. Un peuple qui n'est pas libre et responsable de soi à l'intérieur de ses frontières, ne mérite pas la liberté extérieure. Il n'a pas le droit de dire son mot sur la liberté, et s'il emploie ce vocable sonore, il l'emploie à tort. L'idée allemande de liberté fut toujours dirigée vers l'extérieur; elle entendait par là le droit d'être allemand, rien qu'allemand et rien d'autre, rien de plus. C'était la protestation d'une résistance égocentrique contre tout ce qui voulait conditionner et limiter l'égoïsme national, le dompter et l'obliger à se mettre au service de l' humanité. Individualisme buté au-dehors, dans les relations avec le monde, l'Europe, la civilisation, il se conciliait à l'intérieur avec un degré déconcertant de sujétion, de soumission obtuse, d'absence de maturité.

Bilderbuch-Bayern: sanfte, grüne Hügel, auf denen glückliche Kühe das saftige Gras abweiden. Links ein Biergarten, daneben eine Barockkirche und im Hintergrund die grandiose schneebedeckte Alpenkette.

Picture postcard Bavaria: gentle green hills where contented cows graze the juicy grass. To the left a beer garden, beside it a Baroque church and behind the two the grandeur of the snow-capped Alpine mountain chain.

La Bavière, paysage de carte postale: douces et vertes collines où des vaches heureuses broutent l'herbe juteuse des prés. À gauche un «Biergarten», un «jardin à bière», à côté, une église baroque et à l'arrière-plan la chaîne grandiose des Alpes enneigées.

Gleich hinter dem malerisch schönen Tegernsee mit seinen satten Wiesen erheben sich die Gipfel der Alpen.

Alpine peaks rise up right behind beautiful, picturesque Tegernsee lake and its lush meadows.

Juste derrière le pittoresque et magnifique lac de Tegernsee entouré d'opulentes prairies, se dressent les sommets des Alpes.

Schleswig-Holstein | Schleswig-Holstein | Schleswig-Holstein

Sylt – das ist mehr als eine Insel, das ist ein Mythos. Denn unvergleichlich sind seine unendlich langen weißgelben Strände, saftig grünen Marschen und schweigend stillen weiten Watten. Die unverwechselbare Silhouette des Eilands am nördlichsten Zipfel Deutschlands ist aber nur aus der Vogelperspektive erkennbar.

Sylt is more than an island; it is a myth. Its endlessly long golden-white beaches, its lush green marshland and its peaceful expanses of mudflat are beyond compare. But the bird's eye view is the only one from which you can see the unmistakable silhouette of the island at Germany's northernmost tip.

Sylt est plus qu'une île, c'est un mythe. Ses plages de sable blond s'étendant à l'infini, ses verdoyantes terres basses et fertiles conquises sur la mer, ses larges vasières où règne une paix profonde, sont incomparables. La silhouette singulière et caractéristique de cette île située aux confins nord de l'Allemagne ne se dévoile qu'à vol d'oiseau.

Bis zu 61 Meter über dem Meeresspiegel ragen die Buntsandsteinfelsen Helgolands aus der Nordsee. Wahrzeichen der in der Deutschen Bucht gelegenen Insel und Düne ist die „Lange Anna", ein bizarrer Steinkoloss, der an der Nordspitze der Steilküste wie ein Fels in der Brandung steht.

Heligoland's red sandstone cliffs rise up to 61 metres above sea level in the North Sea. The landmark of the island and dune in the German Bight is Lange Anna, a bizarre rock colossus that stands at the northern tip of the steep coast like a tower of strength.

Les falaises de grès bigarré de l'île de Helgoland émergent de la Mer du Nord, dressant leurs 61 mètres au-dessus du niveau de la mer. Tel un rocher inébranlable dans le ressac, la «Lange Anna» , bizarre colosse de pierre, à l'extrémité nord des falaises, est l'emblème de cette île et dune qui s'étend dans la Deutsche Bucht.

Am Ostufer der Flensburger Förde liegt Schloss Glücksburg. Das 1582 bis 1587 unter Herzog Johann dem Jüngeren erbaute Wasserschloss gehört zu den schönsten Gebäuden Schleswig-Holsteins.

Glücksburg Castle stands on the east shore of Flensburg Bay. The moated castle, built between 1582 and 1587 during the reign of Duke John the Younger, is one of Schleswig-Holstein's most attractive buildings.

Sur la rive Est de la baie de Flensburg se dresse le château de Glücksburg. Erigé de 1582 à 1587 pour le duc Jean le Jeune, ce château entouré de douves fait partie des plus beaux édifices du Schleswig-Holstein.

Kiel ist nicht nur die Landeshauptstadt Schleswig-Holsteins, sondern auch Verbindungshafen zu den nördlichen Nachbarn. Die Stadt an der Förde und am Nord-Ostsee-Kanal ist international bekannt durch das Segelereignis Kieler Woche.

Kiel is not just the state capital of Schleswig-Holstein but a seaport linking it with its Scandinavian neighbours. The city on its bay with the canal that links the North Sea and the Baltic enjoys an international reputation with yachtsmen for its Kiel Week regatta.

Kiel n'est pas seulement la capitale du Land de Schleswig-Holstein, mais aussi un port reliant cette région de l'Allemagne à ses voisins scandinaves. Cette ville en bordure de la Förde (la baie de Kiel) et du canal de la mer du Nord à la mer Baltique est mondialement connue en raison du grand événement que sont les régates de voiliers qui s'y tiennent pendant la «Kieler Woche», la «Semaine de Kiel».

Das Holstentor mit den mächtigen Rundtürmen ist das Wahrzeichen Lübecks. Es gehörte einst zu den Verteidigungsanlagen der Hansestadt. Rechts dahinter die alten Salzspeicher und die Trave mit den lübecktypischen Bürgerhäusern.

The Holstentor with its mighty round towers is the landmark that identifies Lübeck. It used to form part of the Hanseatic city's defences. Behind and to the right of it are the old salt warehouses, the River Trave and the patrician houses that are also typical of Lübeck.

La porte Holstentor, dotée de puissantes tours circulaires est l'emblème de Lübeck. Elle faisait autrefois partie des ouvrages de défense de cette ville de la Hanse. À droite, à l'arrière-plan, les anciens greniers à sel ainsi que la Trave bordée de maisons patriciennes typiques de Lübeck.

Die fast einen Kilometer lange Fehmarnsundbrücke verbindet die Insel Fehmarn mit dem Festland. Die 1963 eingeweihte kombinierte Straßen- und Eisenbahnbrücke steht seit 1999 unter Denkmalschutz. Ihr Bau hat die Reisezeit auf der sogenannten „Vogelfluglinie" zwischen Deutschland und Dänemark deutlich verkürzt.

The Fehmarn Sound Bridge, nearly one kilometre long, connects the island of Fehmarn with the mainland. A combined road and rail bridge inaugurated in 1963, it has been a listed monument since 1999. Its construction shortened travel times significantly on the Vogelfluglinie route between Germany and Denmark.

Le pont enjambant le Fehrmansund, long de presque un kilomètre, relie l'île de Fehmarn à la terre ferme. Pont autoroutier et ferroviaire, inauguré en 1963, il est classé monument historique depuis 1999. Sa construction a nettement raccourci le temps du voyage à travers la «Vogelfluglinie» (la «ligne à vol d'oiseau», entre l'Allemagne et le Danemark).

Hamburg | Hamburg | Hambourg

Das „Gesamtkunstwerk" Hamburg präsentiert sich am eindrucksvollsten zwischen Elbe und Alster. Hinter den Museumsschiffen Rickmer Rickmers und Cap San Diego erhebt sich das Wahrzeichen der Stadt, der Michel, rechts daneben liegt die von Fleeten durchzogene Innenstadt mit ihren berühmten Prachtstraßen und dem Rathaus sowie der Binnen- und Außenalster.

Hamburg as a Gesamtkunstwerk, or total work of art, is most impressive between the River Elbe and the Alster Lake. Behind the museum ships Rickmer Rickmers and Cap San Diego the city's landmark, St Michael's Church (the "Michel") towers with the city-centre boulevards criss-crossed by canals to its right, and behind them the Rathaus and the Binnenalster and Außenalster lake.

L'«œuvre d'art totale» qu'est Hambourg apparaît dans toute sa majesté entre l'Elbe et l'Alster. Derrière les bateaux-musées Rickmer Rickmers et Cap San Diego se dresse l'emblème de Hambourg, l'église St-Michel. À côté, sur la droite, s'étend le centre-ville, parcouru de canaux, avec ses célèbres et magnifiques rues, l'hôtel de ville ainsi que les lacs intérieur et extérieur formés par l'Alster (Binnen- und Außenalster).

Eine der vielen Attraktionen Hamburgs ist die Ende des 19. Jahrhunderts erbaute, heute denkmalgeschützte Speicherstadt mit ihren neugotischen Backsteinbauten und reich verzierten Giebeln. Im Zweiten Weltkrieg zur Hälfte zerstört, wurde die Speicherstadt teils rekonstruiert, teils modern wieder aufgebaut.

One of Hamburg's many attractions is the Warehouse City, built toward the end of the nineteenth century and now a listed complex with its neo-Gothic redbrick buildings and ornately decorated gables. Half destroyed in the Second World War, the Speicherstadt, to give it its German name, was partly rebuilt to the old design and partly rebuilt in a modern look.

La «Speicherstadt», la Ville des Entrepôts, construite à la fin du 19e siècle, est l'une des nombreuses attractions de Hambourg. Avec ses bâtiments de style néo-gothique, construits en brique et ses pignons abondamment ornementés, elle est aujourd'hui classée patrimoine historique. À moitié détruite au cours de la Seconde Guerre mondiale, la Speicherstadt fut en partie reconstituée, en partie bâtie à neuf.

Das Bild des Hafens hat sich in den letzten Jahrzehnten grundlegend verändert. Wo früher Backsteinbauten und Lagerhallen standen, sind heute mit einem Meer bunter Containerboxen übersäte Flächen vorherrschend. Hamburgs Hafen ist seit Jahrhunderten eine Drehscheibe des Handels und das „Tor zur Welt".

The Port of Hamburg has changed fundamentally in appearance over the decades. Where redbrick buildings and warehouses once stood, gaily-coloured containers today predominate over wide areas of space. The Port has been a turntable of trade and Germany's "gateway to the world" for centuries.

La physionomie du port a profondément changé au cours des dernières décennies. Là où se trouvaient autrefois des bâtiments de brique et les entrepôts, prédominent aujourd'hui des surfaces constellées d'innombrables conteneurs multicolores. Le port de Hambourg est depuis des siècles une plaque tournante du commerce et la «porte ouverte sur le monde».

Der Hamburger Hafen hat überall in der Welt einen guten Ruf als „schneller Hafen". In nur wenigen Stunden werden die riesigen Containerschiffe an den vier großen, mit modernster Technik versehenen Containerterminals ent- und wieder beladen.

The Port of Hamburg enjoys a worldwide reputation for being a "fast worker." In a matter of hours the enormous container vessels are unloaded and reloaded at the four large container terminals bristling with state-of-the-art technology.

Partout dans le monde, le port de Hambourg a la réputation d'être un «port rapide». Quelques heures suffisent à décharger et recharger les porte-conteneurs géants, amarrés aux quatre grands terminaux qui sont équipés d'une technique ultra-moderne.

Mecklenburg-Vorpommern | Mecklenburg-West Pomerania | Mecklembourg-Poméranie occidentale

Rügen, die größte deutsche Insel, wird geprägt durch ihre bis zu 118 Meter hohen Kreidefelsen und 570 Kilometer langen Küsten. Zum Reichtum Rügens zählen neben seinen Naturschönheiten auch die prachtvollen Hotels und Villen im Stil der Seebäderarchitektur.

Chalk cliffs up to 118 metres tall and 570 kilometres of coastline are the hallmarks of Germany's largest island, Rügen. In addition to its wonders of nature, Rügen boasts magnificent hotels and villas in the German seaside architecture style.

Rügen, la plus grande île allemande est caractérisée par ses falaises crayeuses atteignant jusqu'à 118 mètres de hauteur et son littoral long de 570 kilomètres. En dehors de ses beautés naturelles, Rügen doit également sa richesse aux magnifiques hôtels et villas construits dans le style de l'architecture des stations balnéaires.

Hoch überragt der mächtige Doppelturm von St. Nikolai die Dächer der als UNESCO-Welterbe geadelten Hansestadt Stralsund. Die als „Tor zur Insel Rügen" bezeichnete, mittelalterlich geprägte Stadt war nach Lübeck der bedeutendste Handelsplatz im südlichen Ostseeraum.

The mighty twin towers of St Nikolai tower over the roofs of the Hanseatic city of Stralsund, a Unesco world heritage site. The predominantly mediaeval city known as the "gateway to the island of Rügen" was once second only to Lübeck as the most important trading centre in the southern Baltic.

Les deux puissantes tours de la Nikolaikirche (l'église St-Nicolas) dominent les toits de la ville hanséatique de Stralsund, ennoblie par l'UNESCO qui l'inscrivit au patrimoine culturel mondial. Stralsund, qualifiée de «porte ouverte sur l'île de Rügen», porte l'empreinte de son passé médiéval et était, après Lübeck, la deuxième plus importante ville marchande du sud de l'espace balte.

Nirgendwo auf der Welt reichen Waldgebiete so nahe an die Küste wie in Mecklenburg-Vorpommern – hier besonders eindrucksvoll auf Usedom. Die Ostseeinsel hat zwei Seiten: mehr als 40 Kilometer lange Sandstrände mit beliebten und berühmten Ferien- und Badeorten sowie die Gewässer hinter der Insel, wo die Zeit stehengeblieben zu sein scheint.

Nowhere in the world does woodland extend so close to the coast as in Mecklenburg-West Pomerania, and it does so here most impressively on the island of Usedom. The island has two sides: over 40 kilometres of sandy beaches and popular, well-known holiday resorts facing the Baltic and backwaters where time seems to have stood still.

Nulle part au monde, des forêts ne sont aussi proches du littoral que dans le Land de Mecklembourg-Poméranie occidentale, ce qu'illustre de façon très impressionnante la photo prise de l'île d'Usedom. Située en mer Baltique, celle-ci a deux faces: plus de 40 kilomètres de plages de sable bordées de célèbres stations balnéaires très fréquentées et, à l'arrière de l'île, de vastes lagunes où le temps semble s'être arrêté.

Einzigartig erstreckt sich über mehr als 45 Kilometer die Naturlandschaft der Halbinsel Fischland, Darß und Zingst zwischen Rostock und Stralsund. Die nördlichste Stelle dieser Landschaft zwischen Bodden und Meer bildet der hier gezeigte Darßer Ort.

The unique natural landscape of the Fischland, Darß and Zingst peninsula extends for over 45 kilometres between Rostock and Stralsund. The northernmost point of this landscape between the backwaters and the sea is Darßer Ort, seen here.

Unique en son genre, la presqu'île de Fischland, Darß et Zingst, réserve naturelle, s'étend sur plus de 45 kilomètres entre Rostock et Stralsund. Le «Darßer Ort», que l'on voit ici, constitue la pointe nord de cette contrée située entre le «Bodden» et la mer.

Mecklenburg-Vorpommern ist das am dünnsten besiedelte Bundesland. Es besitzt mit den zergliederten Küsten der Ostsee und der Seenplatte reizvolle Erholungslandschaften. Mitten durch den Schaalsee mit seinen Naturschutzgebieten verlief bis 1989 die deutschdeutsche Grenze.

Mecklenburg-West Pomerania is Germany's most thinly populated federal state. Its delightful recreational areas include the broken Baltic coastline and shores of its many lakes. Until 1989 the intra-German border ran right through the Schaalsee and its nature conservation areas.

Le Mecklembourg-Poméranie occidentale est la province accusant la plus faible densité de population en Allemagne. Avec le littoral disloqué de la mer Baltique et le plateau lacustre, ce Land dispose d'attrayantes zones de détente. C'est au beau milieu du lac de Schaalsee et de son parc naturel placé sous la protection de l'environnement que courait jusqu'en 1989 la frontière entre les deux Allemagnes.

Hauptattraktion von Schwerin, der Landeshauptstadt Mecklenburg-Vorpommerns, ist das auf einer Insel im Burgsee erbaute Schloss, das bis 1918 Hauptsitz der mecklenburgischen Herzöge und Großherzöge war und seit 1990 Sitz des Landtages ist.

The main attraction of Schwerin, the capital of Mecklenburg-West Pomerania, is the Schloss, or palace, built on an island in the Burgsee lake. Until 1918 it was the main residence of the dukes and grand dukes of Mecklenburg; since 1990 it has housed the state assembly.

L'attraction majeure de Schwerin, capitale du Land de Mecklembourg-Poméranie occidentale, est son château élevé sur une île du Burgsee. Résidence principale jusqu'en 1918 des ducs et grandsducs du Mecklembourg, il est, depuis 1990, siège du Landtag (parlement du Land).

Brandenburg | Brandenburg | Brandebourg

Der Spreewald bietet ein für Mitteleuropa einzigartiges Landschaftsbild. Er ist geprägt von einem weit verzweigten Geflecht von Flussverästelungen der Spree, das das ungefähr 50 Kilometer lange und bis zu 15 Kilometer breite Auen- und Moorgebiet durchzieht. Noch immer ist der Kahn ein wichtiges Verkehrsmittel und darüber hinaus eine Attraktion für Besucher.

The Spreewald boasts a landscape unique in Central Europe. It consists of a latticework of river branches crisscrossing a marshy plain about 50 kilometres long and up to 15 kilometres wide. Boats are still an important means of transport here – and a great attraction for visitors too.

Le paysage du Spreewald présente un aspect insolite et exceptionnel en Europe moyenne. Il se caractérise par un vaste entrelacs de bras ramifiés de la Spree qui irriguent cette région marécageuse sur une longueur de 50 kilomètres et une largeur de 15 kilomètres. La barque est demeurée un moyen de locomotion important et, qui plus est, une attraction pour les visiteurs.

Das kleine Schloss Sanssouci in Potsdam, von 1745 bis 1747 als Sommerresidenz Friedrichs II. (der Große) errichtet, wird als „Juwel des friderizianischen Rokoko" gepriesen und ist eine weltberühmte Attraktion.

The small palace of Sanssouci in Potsdam, built between 1745 and 1747 as a summer palace for Frederick the Great, is a world-famous attraction and a jewel of the Rococo style of his day.

Attraction célèbre dans le monde entier, le petit château de Sansscouci, à Potsdam, érigé de 1745 à 1747 et résidence d'été de Frédéric II (le Grand) est considéré comme le «joyau du rococo frédéricien».

Berlin | Berlin | Berlin

Das Reichstagsgebäude, das 1884 bis 1894 errichtet wurde, ist wieder das Zentrum deutscher Politik. Nach dem von Norman Foster geleiteten Umbau residiert hier der Deutsche Bundestag (rechts). Links im Bild der Spreebogen mit dem Bundeskanzleramt, davor die Kongresshalle.

The Reichstag building, erected 1884–1894, is the centre of German politics. After rebuilding works under the direction of architect Norman Foster, the German Bundestag now meets here (right). To the left are the Spreebogen, or bend in the River Spree, the Bundeskanzleramt, or Federal Chancellor's Office, and the Kongresshalle (below left).

Le Reichstag, érigé 1884–1894, est de nouveau le centre de la politique allemande. C'est ici que, depuis la fin des travaux d'aménagement placés sous la direction de Norman Foster, réside le Bundestag, le parlement allemand (à droite). À gauche sur la photo, le «Spreebogen» (coude de la Spree) avec la Chancellerie fédérale et, sur le devant, la Kongresshalle.

Das von Carl Gotthard Langhans entworfene und von 1788 bis 1791 errichtete Brandenburger Tor war stets auch ein politisches Symbol – vom Sieg über Napoleon bis zur Wiedervereinigung Deutschlands 1990.

Berlin's Brandenburg Gate, designed by Carl Gotthard Langhans and built between 1788 and 1791, has always been a political symbol – of events ranging from the victory over Napoleon to German reunification in 1990.

La Porte de Brandebourg, construite de 1788 à 1791 par Carl Gotthard Langhans fut aussi et de tout temps un symbole politique – de la victoire remportée sur Napoléon à la réunification de l'Allemagne en 1990.

Eines der schönsten Zeugnisse preußischer Architektur ist das 1695 bis
1699 erbaute und bis 1791 erweiterte
Schloss Charlottenburg. Seine Front
erreicht eine Länge von 505 Metern
und ist umgeben von einem im
Barockstil angelegten prachtvollen
Garten. Vor dem Schloss befindet sich
das Reiterstandbild des Kurfürsten
Friedrich Wilhelm I.

One of the finest examples of Prussian
architecture is Charlottenburg Palace,
built between 1695 and 1699 and extended up to 1791. Its facade is 505
metres long and surrounded by magnificent garden laid out in the Baroque
style. In front of the palace is the
equestrian statue of Electoral Prince
Friedrich Wilhelm I.

Le Château de Charlottenbourg, cons-
truit de 1695 à 1699 et agrandi
jusqu'en 1791 est l'un des plus beaux
témoins de l'architecture prussienne.
Sa façade s'étend sur 505 mètres et est
environnée de magnifiques jardins
aménagés dans le style baroque.
Devant le château trône la statue
équestre du prince électeur Frédéric-
Guillaume Ier.

Der schönste Platz des alten Berlin
ist der Gendarmenmarkt mit Schinkels
klassizistischem Schauspielhaus
und den sich gegenüberliegenden
Kuppeltürmen des Deutschen und
Französischen Doms (rechts).

The most attractive square in old Berlin
is Gendarmenmarkt, with Schinkel's
classical Schauspielhaus theatre and
the late Baroque cupolas of the German
and French cathedrals (right), which
stand opposite each other.

La plus belle place du vieux Berlin est
le Gendarmenmarkt avec le théâtre
(Schauspielhaus) de style néo-classique
conçu par Schinkel et les coupoles des
cathédrales allemande et française (à
droite) qui se font face.

Sachsen-Anhalt | Saxony-Anhalt | Saxe-Anhalt

Murmelnde Bäche, wilde Schluchten und waldbegrenzte Höhen – der Harz ist der Inbegriff der deutschen Romantik. Mit seinen 1142 Metern überragt der Brocken alle anderen Gipfel des Mittelgebirges.

With its babbling brooks, wild gorges and tree-lined heights the Harz is the epitome of German Romanticism. The 1,142-metre-high Brocken towers above all the other peaks of the Mittelgebirge.

Ruisseaux babillards, gorges sauvages, collines boisées font du Harz l'incarnation du romantisme allemand. De ses 1142 mètres, le Brocken domine tous les autres sommets de la moyenne montagne.

Der Marktplatz von Quedlinburg mit seinen schönen Fachwerkhäusern steht hier stellvertretend für die vielen vorbildhaft restaurierten Klein- und Mittelstädte Sachsen-Anhalts.

Quedlinburg market square with its beautiful half-timbered houses is one of many small and medium-sized towns in Saxony-Anhalt that have undergone exemplary restoration.

La Place du Marché de Quedlinburg encadrée de belles maisons à colombages est représentative des nombreuses villes de petite et moyenne envergure exemplairement restaurées en Saxe-Anhalt.

Niedersachsen | Lower Saxony | Basse-Saxe

Wie an einer Perlenschnur liegen die Ostfriesischen Inseln von Borkum bis Wangerooge (Foto links) vor dem Festland. Die Gäste kommen, um sich zu erholen und das besondere Insel-flair zu genießen.

From Borkum to Wangerooge (photo left) the East Frisian islands lie like a string of pearls off the mainland. Visitors come here for a rest and to enjoy the special flair of the islands.

Telles les perles d'un collier, les îles de la Frise orientale se succèdent parallèlement au littoral, de Borkum à Wangerooge (photo à gauche). Les visiteurs viennent y chercher le repos et jouir de l'atmosphère toute particulière qui s'en dégage.

Die Schiffsbaukunst der Meyer Werft wird weltweit hoch gerühmt. Die bereits 1795 in Papenburg an der Ems gegründete Werft befindet sich seit sechs Generationen in Familienbesitz. Fast wie am Fließband laufen hier die Kreuzfahrtschiffe vom Stapel.

Meyer Werft shipbuilding skills are held in high repute all over the world. Founded in 1795 in Papenburg on the Ems, the shipyard has been family-owned for six generations. Cruise vessels are launched here in swift succession.

L'architecture navale de la «Meyer Werft» jouit d'une renommée mondiale. Fondé dès 1795 à Papenburg sur l'Ems, ce chantier naval est propriété de la même famille depuis six générations. Les bateaux de croisière en sortent comme «à la chaîne» pour être mis à l'eau.

Das Alte Land, eine fruchtbare, durch Sturmfluten gefährdete Marschenlandschaft, wurde ab dem 12. Jahrhundert eingedeicht und besiedelt. Typisch für das größte zusammenhängende Obstanbaugebiet Europas sind Marschenhufendörfer mit stattlichen Bauernhöfen, die – wie hier das Guderhandviertel – direkt an einem Flusslauf, der Lühe, liegen.

The Altes Land, a fertile marshland area threatened by flooding, has been settled and protected by dikes since the twelfth century. Typical of Europe's largest expanse of orchard country are the Marschenhufendörfer villages with their magnificent farmhouses by the banks of a river, like the Guderhandviertel here on the River Lühe.

Le Vieux Pays (Altes Land), région de polders fertile, menacée par les raz-de-marée, fut endigué et colonisé à partir du 12e siècle. Les villages groupés irrégulièrement autour d'une place, avec leurs fermes cossues qui se trouvent directement en bordure d'un cours d'eau, la Lühe – comme on le voit ici dans le quartier «Guderhand» – sont typiques de cette région de polders, appelée «Marschland», la plus vaste en Europe se consacrant à la culture fruitière.

Hannover ist die Landeshauptstadt Niedersachsens. Von der Kuppel des „neuen", wilhelminischen Rathauses (1901) hat man fast einen genauso herrlichen Blick über den Maschsee und die grüne Stadt an der Leine wie aus der Luft.

Hanover is the Lower Saxon capital. From the dome of the "new" Wilhelminian Rathaus, or city hall, built in 1901, you have almost as a magnificent a view of the Maschsee and the green city on the River Leine as from the air.

Hanovre est la capitale du Land de Basse-Saxe. De la coupole du «nouvel» hôtel de ville de style wilhelmien (1901) on jouit d'une vue presque aussi magnifique sur le lac de Maschsee et sur cette ville verte en bordure de la Leine qu'à vol d'oiseau.

In den deutschen Mittelgebirgen – so auch im Harz – wurden zahlreiche Talsperren angelegt, die als Wasserreservoir dienen beziehungsweise zur Stromgewinnung eingesetzt werden. Die Okertalsperre mit ihrer markanten gebogenen, 75 Meter hohen und 260 Meter langen Staumauer dient vor allem der Stromerzeugung und dem Hochwasserschutz.

In Germany's Mittelgebirge hill country, including the Harz, many dams have been built for reservoirs and to generate electricity. The Okertal Dam with its distinctive wall, 75 metres high and 260 metres long serves mainly to generate hydroelectric power and to prevent flooding.

Dans les montagnes de l'Allemagne moyenne – comme par exemple dans le Harz – de nombreux barrages furent aménagés dans le but de créer des réservoirs d'eau et de produire de l'électricité. Le barrage d'Okertal avec ses murs incurvés caractéristiques, mesurant 75 mètres de haut et 260 mètres de large, sert avant tout à la production d'électricité et à la protection contre les crues.

Der Marktplatz des mittelalterlichen Goslar, das durch seinen Bergbau mächtig und unter Heinrich III. (1017–1056) zur ersten Stadt im Reich wurde. Das Erzbergwerk wurde 1988 stillgelegt, gehört aber seit 1992 ebenso wie die Altstadt zum UNESCO-Weltkulturerbe.

This is the market square of mediaeval Goslar, which grew powerful as a mining town and was the first city in the Holy Roman Empire under Heinrich III, 1017–56. The mine closed in 1988 but along with the Altstadt, or old city, has been a Unesco world heritage site since 1992.

La Place du Marché de Goslar. Cette ville remontant au Moyen Âge acquit de l'importance grâce à l'exploitation minière et devint la première ville de l'empire sous le règne de Henri III (1017–1056). La mine exploitant le minerai fut fermée en 1988, mais fait partie depuis 1992 de même que la vieille ville, du patrimoine culturel mondial de l'UNESCO.

Bremen | Bremen | Brême

Schmuckstücke des Bremer Markt-
platzes (Bildmitte) sind das historische
Rathaus und der St.-Petri-Dom. Noch
heute ist aus der Vogelperspektive die
ehemalige Begrenzung der Altstadt
durch die Wallanlagen, die sich wie ein
grüner Gürtel um das Häusermeer
schmiegen, deutlich zu erkennen.

The jewels of Bremen's market square
(screen centre) are the historic Rathaus
and St Peter's Cathedral. To this day
the former perimeter of the old city –
the Wallanlagen – is plain to see from
a bird's eye view as a green belt surrounding a sea of houses.

Les joyaux de la Place du Marché de
Brême (au centre de l'image) sont
l'hôtel de ville historique et la cathédrale St. Petri. Aujourd'hui encore on
peut nettement reconnaître, à vol d'oiseau, les anciennes limites de la vieille
ville où couraient autrefois les rem-
parts, les Wallanlagen, qui enserrent,
comme une ceinture verte, la mer de
maisons.

Über sieben Millionen Menschen sind
im 19. Jahrhundert von Bremerhaven
nach Amerika ausgewandert. Heute
laufen von der an der Mündung von
Weser und Geeste gelegenen, erst 1827
gegründeten Hafenstadt Containerschiffe in die ganze Welt aus.

Over seven million people emigrated to
America from Bremerhaven in the
nineteenth century. Today, container
ships sail all over the world from the
port city at the mouth of the Rivers
Weser and Geeste, which was only
founded in 1827.

Au 19e siècle, plus de sept millions de
personnes émigrèrent en Amérique
après s'être embarqués à Bremerhaven.
De nombreux porte-conteneurs partent
de cette ville portuaire fondée seulement en 1827 et située à l'embouchure
de la Weser et de la Geeste en direction
de pays du monde entier.

Nordrhein-Westfalen | North Rhine-Westphalia | Rhénanie du Nord-Westphalie

In Reih und Glied, hingestreckt über vier Gassen stehen die Fachwerkhäuser des Alten Fleckens in Freudenberg im Siegerland. Das Ensemble entstand nach dem großen Stadtbrand am 9. August 1666. Heute steht der Alte Flecken unter Denkmalschutz.

The half-timbered houses of the Alter Flecken in Freudenberg in the Siegerland region stand in formation along four narrow streets. This ensemble was built after the great town fire of 9 August 1666. Alter Flecken is now a protected historic monument.

À Freudenberg, dans le Siegerland, les maisons à colombages du «Alter Flecken» s'alignent en rangs serrés, le long de quatre ruelles. Cet ensemble fut aménagé après le grand incendie qui ravagea la ville le 9 août 1666. Le quartier «Alter Flecken» fait aujourd'hui partie des sites protégés.

Das barocke Wasserschloss Herten im Kreis Recklinghausen ist von einem englischen Landschaftsgarten umgeben. Die weiße Kapelle (links) stand ursprünglich auf Schloss Grimberg und wurde 1908 hier wieder aufgebaut.

The Baroque moated castle of Herten in the Recklinghausen district is surrounded by an English-styled landscaped garden. The white chapel to the left, originally at Schloss Grimberg, was rebuilt here in 1908.

Le château baroque entouré d'eau de Herten, dans la circonscription de Recklinghausen, est entouré de jardins aménagés à l'anglaise. La chapelle blanche (à gauche) se trouvait autrefois au château de Grimberg, et fut reconstituée à cet endroit en 1908.

Die Zeche Nordstern in Gelsenkirchen wurde 1993 stillgelegt. Bei der Umgestaltung des Geländes für die Bundesgartenschau 1997 gelang es, die Bergbauvergangenheit miteinzubeziehen. Markantes Wahrzeichen ist die Doppelbogenbrücke der Architekten PASD Feldmeier Wrede (rechts oben), die vorbei am Amphitheater über den Rhein-Herne-Kanal führt.

Nordstern colliery in Gelsenkirchen was closed in 1993. Its mining past was incorporated in the site's redesign for the Federal Garden Show in 1997. A distinctive feature is the twin-arched bridge designed by architects PASD Feldmeier Wrede (above right) that passes the amphitheatre as it crosses the Rhein-Herne-Kanal.

La mine de charbon «Nordstern», à Gelsenkirchen, fut fermée en 1993. Dans le cadre du réaménagement du terrain en vue de l'Exposition fédérale de l'Horticulture en 1997, on réussit à intégrer le passé minier à ce projet. Le pont à double arc (en haut, à droite) qui traverse le canal Rhin-Herne en longeant l'amphithéâtre, est l'œuvre des architectes PASD Feldmeier Wrede. Il constitue un emblème particulièrement marquant de cette région.

Von 1932 bis 1986 drehten sich die Seilscheiben am Förderturm von Schacht XII der Zeche Zollverein in Essen-Katernberg, die seit 2001 zu den Welterbestätten der UNESCO zählt.

The winding-tower pulleys of Shaft XII of the Zollverein colliery in Essen-Katernberg were in operation from 1932 to 1986. It has been a Unesco world heritage site since 2001.

Les poulies de cable du chevalement du puits XII de la mine «Zollverein», à Essen-Katernberg, tournèrent de 1932 à 1986. Depuis 2001, cette mine fait partie des sites inscrits au patrimoine mondial de l'UNESCO.

Einst wurden im Düsseldorfer Hafen Frachtschiffe mit den Produkten einer Industriestadt beladen. Heute dient der Hafen der Landeshauptstadt den Freizeitkapitänen. Die kühnen Rundbauten des amerikanischen Stararchitekten Frank O. Gehry wurden Ende der 1990er Jahre errichtet.

In bygone days the products of an industrial city were shipped to and from Düsseldorf's harbour area. Today it is used by pleasure boaters. The bold round buildings designed by US star architect Frank O. Gehry were built in the late 1990s.

Dans le port de Düsseldorf, les cargos étaient autrefois chargés des produits d'une ville industrielle. Aujourd'hui le port de la capitale du Land sert aux capitaines de bateaux de plaisance. Les audacieux bâtiments de forme circulaire ont été conçus par Frank O. Gehry, architecte vedette américain, et construits à la fin des années 1990.

Der Kölner Dom, begonnen 1248 und erst 1880 fertiggestellt, überragt mit seinen 157 Meter hohen Türmen die Innenstadt. Das bereits unter den Römern gegründete Köln ist nach Einwohnern die viertgrößte Stadt Deutschlands.

The 157-metre spires of Cologne Cathedral, begun in 1248 and not completed until 1880, tower above the city centre. Founded by the Romans, Cologne is Germany's fourth-largest city by population.

De leurs 157 mètres de hauteur, les tours de la cathédrale de Cologne, dont la construction commença en 1248 et ne fut achevée qu'en 1880, dominent le centre-ville. Cologne, ville fondée sous les Romains est, au plan démographique, la quatrième ville d'Allemagne.

Rheinland-Pfalz | Rhineland-Palatinate | Rhénanie-Palatinat

Charakteristisch für die Eifel sind die meist kreisrunden oder ovalen, mit Wasser gefüllten Krater, die – wie hier bei Maria Laach – Maare genannt werden. Der letzte Ausbruch dieses erloschenen Vulkans erfolgte 10 930 Jahre v. Chr. An seiner Südseite befindet sich eine hochmittelalterliche Klosteranlage mit dem Laacher Münster, einer sechstürmigen Pfeilerbasilika mit prachtvollem Westeingang, im Zentrum.

Volcanic craters that are round or oval in shape for which the German name is Maar (the one seen here is near Maria Laach) are characteristic of the Eifel region. This extinct volcano last erupted in 10,930 BC. South of the lake is a monastery dating back to the Late Middle Ages and the Laacher Münster, a six-spired pillared collegiate chapel with a magnificent western entrance, at its heart.

Les cratères de l'Eifel, pour la plupart de forme ronde ou ovale et remplis d'eau – comme on en voit un sur cette photo prise dans les environs de Maria Laach –, sont appelés «Maar». La dernière éruption de ce volcan éteint se produisit 10 930 ans avant J.Ch. Côté sud, se trouve un monastère du haut Moyen Âge ainsi que l'abbaye de Laach, une basilique à piliers flanquée de six tours, avec un magnifique porche en son centre, côté ouest.

Burg Eltz, das Urbild der Burgenromantik, liegt auf steiler Höhe am unteren Elzbach, einem Zufluss zur Mosel. Die 1157 erstmals erwähnte Burg befindet sich seit mehr als 800 Jahren im Besitz der Familie Eltz.

Burg Eltz, the archetypal romantic castle, stands high on a steep slope over the lower Elzbach, a tributary of the Moselle. The castle, which had its first recorded mention in 1157, has been owned by the Eltz family for over 800 years.

L'ancienne forteresse d'Eltz, archétype du château médiéval nimbé de romantisme, se dresse sur un promontoir surplombant le cours inférieur de l'Elzbach, un affluent de la Moselle. Cette forteresse, mentionnée pour la première fois en 1157 est, depuis plus de 800 ans, propriété de la famille Eltz.

Der 125 Meter steil aufragende Loreley-felsen verengt den Rhein bei St. Goars-hausen auf 160 Meter Breite. Die da-durch entstehende starke Strömung und gefährliche Unterwasserriffe wur-den schon vielen Schiffern zum Ver-hängnis – der Sage nach abgelenkt vom Gesang einer wunderschönen Nixe, die auf dem Felsen sitzt und ihr goldenes Haar kämmt: die Loreley.

The steep Loreley Rock, 125 metres tall, restricts the Rhine to a width of 160 metres near St Goarshausen. The re-sulting strong current and dangerous underwater reefs have been many boat-men's undoing. Legend has it that they were distracted by the singing of the Loreley, a wonderful mermaid who sits on top of the rock combing the golden tresses of her hair.

Le rocher de la Loreley qui surplombe le Rhin de 125 mètres de haut, étrangle le fleuve près de St.Goarshausen, ne lui laissant plus qu'un passage de 160 mè-tres de large. Le fort courant en résul-tant ainsi que de dangereux récifs sous-jacents furent fatals, dans le passé, à de nombreux bateliers qui, selon la lé-gende populaire, se laissèrent ensorce-lés par le chant d'une nixe de grande beauté assise sur le rocher et peignant sa longue chevelure dorée: la Loreley.

In dem 1061 geweihten romanischen Dom zu Speyer fanden acht deutsche Kaiser und Könige ihre letzte Ruhe-stätte. Die größte erhaltene romanische Kirche der Welt steht seit 1981 auf der UNESCO-Liste des Weltkulturerbes.

In Romanesque Speyer Cathedral, con-secrated in 1061, eight German kings and emperors lie buried. The world's largest surviving Romanesque church has been a Unesco world heritage site since 1981.

Huit empereurs et rois allemands fu-rent inhumés en la cathédrale romane de Spire, consacrée en 1061. La plus grande église de style roman existant encore au monde est depuis 1981 ins-crite au patrimoine culturel mondial de l'UNESCO.

Saarland | Saarland | Sarre

Die Saar, in den Vogesen entsprungen, mündet nach 246 Kilometern bei Konz in die Mosel. Bei Mettlach durchfließt sie ihre eindrucksvollste Schleife. Im Laufe der Jahrtausende hat sich die Saar ihr Flussbett gegraben und ein Postkartenidyll geschaffen, das Künstler und Touristen magisch anzieht.

The River Saar rises in the Vosges, flowing into the Moselle at Konz, 246 kilometres downstream. Its most dramatic bend is this one at Mettlach. Over thousands of years the river has excavated its bed, creating a picture-postcard idyll that exercises a magic attraction on artists and tourists alike.

Après avoir parcouru 246 kilomètres, la Sarre qui prend sa source dans les Vosges conflue avec la Moselle dans les environs de Konz. C'est près de Mettlach qu'elle décrit la plus impressionnante de ses boucles. Au fil des millénaires la Sarre a creusé son lit et fini par créer un paysage idyllique qui attire magiquement artistes et touristes.

Das Völklinger Stahlwerk mit seinen dramatisch gegliederten Turm- und Röhrengeflechten ist heute Weltkulturerbe und imposantes Zeugnis der Industriegeschichte des Saarlandes.

Völklingen steelworks with its dramatic array of towers and pipes is a world heritage site and testifies impressively to the industrial history of the Saarland.

Avec son entrelacs dramatiquement agencé de tours et de tuyaux, l'aciérie de Völklingen fait aujourd'hui partie du patrimoine culturel mondial et représente un important témoin de l'histoire industrielle de la Sarre.

Hessen | Hesse | Hesse

Der Limburger Dom, eine dreischiffige Basilika, die spätromanische und frühgotische Elemente verbindet, wurde 1235 eingeweiht. Das beeindruckende Bauwerk erhebt sich hoch über der Lahn mit ihrer auf 1306 datierten Brücke und der malerischen Altstadt.

Limburg Cathedral, a three-aisled basilica that combines late Romanesque and early Gothic features, was consecrated in 1235. This impressive building rises high above the River Lahn, the 1306 bridge and Limburg's picturesque Altstadt.

La cathédrale de Limburg, une basilique à trois nefs, qui rassemble des éléments de la fin de l'art roman et du début du gothique, fut consacrée en 1235. Cet impressionnant édifice surplombe la Lahn et son pont datant de 1306 ainsi que la pittoresque vieille ville.

Seine zentrale Lage in Europa hat Frankfurt zu einem wichtigen Zentrum für Industrie und Handel und zum Drehkreuz für den Luftverkehr gemacht. Bereits seit dem Mittelalter gehört die 794 erstmals urkundlich erwähnte und heute größte Stadt Hessens zu den bedeutendsten urbanen Zentren Deutschlands.

Frankfurt's central location in Europe has made it an important centre of trade and industry and a hub of air transport. Its first recorded mention was in 794, and the city that today is the largest in Hesse has been one of Germany's major urban centres since the Middle Ages.

La position qu'elle occupe au cœur de l'Europe a valu à Francfort d'être un centre de l'industrie et du commerce ainsi qu'une plaque tournante du trafic aérien. Depuis le Moyen Âge la plus grande ville de la Hesse, qui apparaît pour la première fois dans les annales en 794, compte parmi les plus importantes agglomérations urbaines d'Allemagne.

In den weiten Tälern und felsigen Schluchten, den dichten Wäldern und sanften Gebirgen Hessens wohnen die Märchengestalten der Brüder Grimm: die Zauberfeen und die Froschkönige, die Aschenputtel, Schneewittchen und gestiefelten Kater – wie hier im Nationalpark Kellerwald am Edersee und auf der Burg Waldeck.

In the wide valleys and rocky gorges, dense forests and gently rolling hills of Hesse, as here in the Kellerwald National Park on the Edersee and at Waldeck Castle, live the fairytale figures of the Brothers Grimm: magic fairies and frog kings, Cinderella, Snow White and Puss in Boots.

Au fond des larges vallées, dans les gorges rocheuses, les forêts denses et sur les massifs montagneux aux pentes douces de la Hesse résident les personnages de légende que nous devons aux frères Grimm: les fées avec leurs baguettes magiques, les rois grenouilles, les cendrillons, les belles au bois dormant et les chats bottés – comme ici dans le parc national Kellerwald en bordure du lac Edersee et au château de Waldeck.

Hoch über der nordhessischen Stadt Kassel erhebt sich ein historisch gewachsenes Ensemble: Das um 1800 errichtete Schloss und Park Wilhelmshöhe, in dem einst die hessischen Landgrafen und Kurfürsten residierten, beherbergt eine sehr bedeutende Antiken- und Gemäldesammlung.

Overlooking the city of Kassel in northern Hesse is an ensemble that has evolved over centuries: Wilhelmshöhe Palace and grounds, built around 1800, used to be the residence of the counts and electoral princes of Hesse and now houses one of the country's most significant collections of paintings and antiques.

Dans le nord de la Hesse, sur les hauteurs surplombant la ville de Kassel, se dresse un ensemble au passé fécond: Le château érigé vers 1800 et le parc de Wilhelmshöhe où résidèrent jadis les comtes et les princes électeurs de Hesse abrite aujourd'hui l'une des plus remarquables collections d'antiquités et de tableaux.

Thüringen | Thuringia | Thuringe

Thüringen wird, wegen seines Waldreichtums und seiner zentralen Lage, auch das „grüne Herz Deutschlands" genannt. Am westlichen Rand des Bundeslandes erhebt sich die „Thüringische Rhön" mit ihren großen Waldgebieten, ausblicksreichen offenen Flächen und der artenreichen Fauna und Flora.

Thuringia is known as the green heart of Germany because of its many forests and its central location. On its western perimeter is the Thuringian Rhön region with its extensive woodland, open spaces with impressive vistas and a wide range of fauna and flora.

En raison de son abondance en forêts et de sa position centrale, la Thuringe est également appelée «le cœur vert de l'Allemagne». À la lisière ouest du Land s'élèvent les monts de la «Rhön de Thuringe» avec leurs grandes forêts, leurs vastes étendues n'opposant aucun obstacle au regard, leur faune et leur flore d'une grande diversité.

Auf der Wartburg im Thüringer Wald bei Eisenach übersetzte 1521/22 Martin Luther in nur elf Wochen das Neue Testament ins Deutsche. Die 411 Meter hoch gelegene Burg wurde 1067 von Ludwig dem Springer gegründet und gehört seit 1999 zum UNESCO-Weltkulturerbe.

In 1521/22 Martin Luther translated the New Testament into German in a mere eleven weeks at the Wartburg in the Thuringian forest near Eisenach. The castle, at an altitude of 411 metres, was first built by Ludwig der Springer in 1067 and has been a Unesco world heritage site since 1999.

C'est au château de la Wartburg, dans la forêt de Thuringe, aux abords de Eisenach, qu'en 1521/22 Martin Luther traduisit en allemand le Nouveau Testament en l'espace de onze semaines seulement. La forteresse trônant à 411 mètres d'altitude fut fondée en 1067 par Ludwig der Springer et fait partie du patrimoine culturel mondial de l'UNESCO depuis 1999.

Der Kyffhäuserberg war schon früh ein strategisch wichtiger Punkt. Bereits König Heinrich IV. (1050–1106) baute hier eine Burg, Kaiser Friedrich I., Barbarossa genannt, ließ sie erweitern. Im 14. Jahrhundert entstand die Sage von Kaiser Rotbart, der im Berg schläft, bis er wiederkommen und des Reiches Herrlichkeit erneuern wird.

The Kyffhäuser has long been a place of strategic importance. King Henry IV, 1050–1106, built a castle here, and Emperor Frederick I, known as Barbarossa, enlarged it. In the fourteenth century the legend of a sleeping Emperor Barbarossa took shape. He was said to be asleep in the mountain until he returned to renew the grandeur of the Holy Roman Empire.

Le Kyffhäuserberg fut, dès les temps les plus reculés, un point stratégique de grande importance. On doit au roi Henri IV (1050–1106) d'y avoir fait ériger une première forteresse. L'empereur Frédéric Ier, dit Barberousse fit agrandir cette dernière. C'est au 14e siècle que naquit la légende selon laquelle Barberousse dormira au sein de la montagne jusqu'au jour où il reviendra sur terre pour faire revivre la magnificence de l'empire.

Das mittelalterliche Ensemble der Türme vom Dom und von der Severikirche krönt das „Thüringische Rom": die Landeshauptstadt Erfurt.

The mediaeval ensemble of towers of the cathedral and St Severus' Church crown "Thuringia's Rome," the state capital Erfurt.

L'ensemble médiéval formé par les tours de la cathédrale et de la Severikirche couronne la «Rome thuringienne»: Erfurt, capitale du Land.

Sachsen | Saxony | Saxe

Die berühmteste und wohl auch schönste Ansicht des Elbsandsteingebirges. Aus der Vogelperspektive ist der Formenreichtum dieses stark zerklüfteten Felsengebirges, das auch vom tief eingeschnittenen Tal der Elbe geprägt wird, besonders gut erkennbar.

This is the best-known and surely finest view that the Elbe sandstone hills have to offer. Viewed from overhead, the distinctive rock shapes and deeply cut Elbe valley are particularly striking.

La vue la plus célèbre et sans doute la plus belle sur les monts de grès de la vallée de l'Elbe en Suisse saxonne. À vol d'oiseau, on reconnaît particulièrement bien la profusion et la diversité des formations rocheuses de ces massifs crevassés, dont l'aspect est encore renforcé par l'encaissement de la vallée de l'Elbe.

Das kurfürstliche Jagdschloss Moritzburg liegt nordwestlich von Dresden. Die fröhlichen Rot- und Ockertöne sind Kennzeichen des sächsischen Barock. Das auf ein Jagdhaus aus dem 16. Jahrhundert zurückgehende Ensemble erhielt seine heutige Gestalt unter August dem Starken (1670–1733).

The electoral prince's hunting lodge at Moritzburg is northwest of Dresden. The cheerful shades of red and ochre are characteristic of the Saxon Baroque. Dating back to a sixteenth century hunting lodge, the present ensemble was designed and built during the reign of Augustus the Strong (1670–1733).

Le château de chasse princier de Moritzburg est situé au nord-ouest de Dresde. L'ocre et le rouge des façades, couleurs gaies, sont les caractéristiques du baroque saxon. L'ensemble, dont l'ancêtre est un château de chasse du 16e siècle, a gardé l'aspect qu'il revêtait sous le règne d'Auguste le Fort (1670–1733).

Als eine Bürgerinitiative am 13. Februar 1990 zum Wiederaufbau der Frauenkirche in der Landeshauptstadt Dresden aufrief, hielten das viele für eine weltfremde Illusion. Inzwischen sind auch die einstigen Gegner beeindruckt und zollen den Denkmalpflegern, Architekten, Ingenieuren und Bauleuten ihren Respekt für die gelungene Rekonstruktion des großartigen Bauwerks.

When a citizens' initiative launched an appeal for the reconstruction of the Frauenkirche, or Church of Our Lady, in the state capital, Dresden, on 13 February 1990, many thought the idea quixotic and illusory. Now, even erstwhile opponents are impressed and pay respect to the conservation experts, architects, engineers and building workers for their successful reconstruction of this magnificent work of architecture.

Lorsque, le 13 février 1990, une initiative citoyenne appela à la reconstruction de la Frauenkirche, à Dresde, capitale du Land, nombreux étaient ceux qui considéraient ce projet comme illusoire et naïf. Entre-temps, les adversaires de l'époque sont eux aussi tombés sous le charme et témoignent leur respect aux acteurs de la sauvegarde des monuments historiques, aux architectes, ingénieurs et ouvriers de la construction qui tous contribuèrent à la réédification de ce splendide chef d'œuvre de l'architecture.

Das Neue Rathaus der Messestadt Leipzig besitzt etwa 600 Räume, der Turm ist 114 Meter hoch. Erbaut wurde es 1899 bis 1905 von Hugo Licht. Leipzig, ein historisches Zentrum des Buchdrucks und -handels, ist ein bedeutender Verkehrsknotenpunkt und ein wichtiges Wirtschaftszentrum der neuen Bundesländer.

The Neues Rathaus boasts around 600 rooms, its tower is 114 metres tall and it was built by Hugo Licht in 1899–1905. Leipzig, a historic centre of printing and the book trade, is an important transport hub and major commercial centre of eastern Germany.

Le Nouvel Hôtel de Ville (1899–1905) comprend 600 pièces, la tour mesure 114 mètres de haut. Il est l'œuvre de Hugo Licht. Leipzig, centre historique de l'art de l'imprimerie et de son commerce est un important nœud de communication autoroutier et ferroviaire en même temps qu'un pôle économique crucial pour les nouveaux Länder de l'Allemagne.

Baden-Württemberg | Baden-Württemberg | Bade-Wurtemberg

Weit schweift die Kamera über die Terrassen-Landschaft des Kaiserstuhls mit seinen weltberühmten Weinlagen. Im Hintergrund erhebt sich der südliche Schwarzwald mit seinen idyllischen Tälern, traditionsbewahrenden Bauernhöfen und bewaldeten Hängen.

The camera pans far and wide across the terraced landscape of the Kaiserstuhl and its world-famous vineyards. In the background is the southern Black Forest with its idyllic valleys, traditional farmhouses and wooded slopes.

L'œil de la caméra vagabonde jusqu'au lointain horizon, par-delà le paysage vallonné du Kaiserstuhl et de ses vignobles en terrasse de réputation mondiale. À l'arrière-plan, les cimes des montagnes du sud de la Forêt-Noire avec ses vallées idylliques, ses fermes attachées à la tradition et les versants boisés de ses collines.

Weltweit berühmt geworden ist das am Neckar gelegene Tübingen durch seine 1477 gegründete Universität. Das Rathaus mit dem Marktplatz (Foto) sowie die Altstadt sind vollständig erhalten.

Tübingen on the Neckar owes its claim to world fame to its university, founded in 1477. The Rathaus (town hall) on the Marktplatz (above) and the city's Altstadt are fully preserved.

L'université de Tübingen, fondée en 1477, a rendu cette ville des bords du Neckar célèbre dans le monde entier. L'hôtel de ville et la Place du Marché (photo) ainsi que la ville historique ont été entièrement préservés.

Heidelberg hat den Ruf, eine der schönsten Städte Deutschlands zu sein. Zahlreiche Schriftsteller rühmten den Blick auf Neckarbrücke, Schlossruine und Altstadt. Die Ruprecht-Karls-Universität gilt als die älteste Hochschule auf dem Gebiet des heutigen Deutschland.

Heidelberg is reputed to be one of the most beautiful cities in Germany. Many writers have lauded the view of the Neckar bridge, the castle ruins and historic Altstadt. The University of Heidelberg is the oldest in today's Germany.

Heidelberg a la réputation d'être l'une des plus belles villes d'Allemagne. Nombre d'écrivains ont exalté la vue qui se dégage sur le pont enjambant le Neckar, les ruines du château et la vieille ville. L'université Karl-Ruprecht passe pour être la plus ancienne sur l'actuel territoire de l'Allemagne.

In den Jahren 1763 bis 1769 ließ Herzog Carl Eugen von Württemberg bei Stuttgart sein Jagdschloss Solitude errichten, in dem der europäische Adel bukolische Feste feierte. Heute sind hier eine Akademie und ein Museum untergebracht.

In 1763–1769 Duke Carl Eugen of Württemberg had his hunting lodge Solitude built near Stuttgart. It was the scene of bucolic festivities attended by the European nobility. Today it houses an academy and a museum.

C'est dans les environs de Stuttgart qu'en 1763–1769, le duc Carl Eugen von Württemberg fit ériger son château de chasse où la noblesse européenne venait célébrer des fêtes bucoliques. Il abrite aujourd'hui une académie et un musée.

Mit seinen 536 Quadratkilometern gehört der Bodensee zu den größten Gewässern Mitteleuropas. Die Uferlänge des vom Rhein durchflossenen Sees beträgt 273 Kilometer. Auf unserem Foto rechts ist der westliche Teil des „Schwäbischen Meeres" zu sehen, mit dem Überlinger See (links), dem Bodman-Rücken und der Insel Mainau (Mitte), dem Zeller See mit der Insel Reichenau sowie dem Untersee (rechts).

Lake Constance, 536 square kilometres, is one of the largest bodies of water in Central Europe. The shores of the lake, through which the Rhine flows, are 273 kilometres long. The western part of what is known as the Swabian Sea is seen here, with the Überlinger See (left), the Bodman ridge and the island of Mainau (centre), Zeller See and the island of Reichenau, and the Untersee (right).

Le lac de Constance, d'une surface de 536 kilomètres carrés, fait partie des plus grandes étendues d'eau d' Europe moyenne. La longueur des rives de ce lac que traverse le Rhin est de 273 kilomètres. Sur notre photo, l'on voit la partie ouest de la «Mer souabe» avec le «Überlinger See» (lac d'Überlingen, à gauche), le «Bodmanrücken» et l'île de Mainau (au centre), le Zeller See avec l'île de Reichenau ainsi que le Untersee (à droite).

Die 855 Meter hoch gelegene Burg Hohenzollern am Rande der Schwäbischen Alb bei Hechingen gilt als Stammhaus des gleichnamigen Herrschergeschlechts. In ihrer heutigen Form wurde das Bauwerk vom renommierten Berliner Architekten Friedrich August Stüler (1800–1865), Schüler und Nachfolger Karl Friedrich Schinkels, konzipiert.

Hohenzollern Castle, perched 855 metres above the edge of the Schwäbische Alb near Hechingen, is considered to be the ancestral home of the Hohenzollern dynasty. In its present form it was designed by the Berlin architect Friedrich August Stüler (1800–1865), the student and successor of Karl Friedrich Schinkel.

Situé à la périphérie de la Schwäbische Alb (Jura souabe), près de Hechingen, le château de Hohenzollern, perché sur une colline à 855 mètres de hauteur, passe pour être la maison-mère de la dynastie du même nom. Tel qu'il se présente aujourd'hui, l'édifice fut conçu par le célèbre architecte berlinois Friedrich August Stüler (1800–1865), élève et successeur de Karl Friedrich Schinkel.

Bayern | Bavaria | Bavière

In vielen Schlingen und Schleifen zieht der Main wie hier in der Nähe von Volkach/Astheim mit der Sonne nach Westen. Auf seinem Weg zum Rhein durchquert er die herrliche Kulturlandschaft Mainfrankens mit ihren berühmten Weinlagen und kleinen verwinkelten Dörfern an den Ufern des Flusses.

The River Main meanders through many a loop and bend like this one near Volkach/Astheim as it flows westward, following the sun. On its way to the Rhine it passes through the glorious cultivated landscape of Main Franconia with its famous vineyards and small, winding villages on the banks of the river.

Dessinant boucles et méandres, le Main, que l'on voit ici près de Volkach/Astheim, coule en direction de l'ouest et du soleil couchant. Chemin faisant, il traverse la magnifique terre de civilisation qu'est la Franconie des bords du Main avec ses célèbres crus et ses petits villages aux ruelles tortueuses en bordure de la rivière, pour rejoindre le Rhin.

Die Residenz von Würzburg gehört seit 1981 zum UNESCO-Weltkulturerbe. Hofarchitekt Balthasar Neumann entwarf die barocke Anlage am Rande der Innenstadt mit einzigartigem Vestibül, Treppenhaus, Weißem Saal und Kaisersaal – unter anderem von Giovanni Battista Tiepolo ausgestattet – sowie dem Hofgarten.

Würzburg Palace has been a Unesco world heritage site since 1981. Court architect Balthasar Neumann designed the Baroque complex on the edge of the city centre with its unique vestibule, staircase, Weißer Saal and Kaisersaal – decorated by, inter alia, Giovanni Battista Tiepolo – and Hofgarten gardens.

La Résidence de Würzbourg, ancien palais des princes-évêques, est inscrite depuis 1981 au patrimoine culturel mondial de l'UNESCO. Balthasar Neumann, architecte à la cour, traça les plans de cet ensemble baroque situé à la périphérie du centre-ville. On y remarquera tout particulièrement le vestibule unique en son genre, l'escalier d'honneur et la Kaisersaal (Salle des Empereurs) – décorée entre autres par Giovanni Battista Tiepolo – ainsi que les Jardins de la Cour.

Der Chiemsee, auch „Bayerisches Meer" genannt, ist das größte Gewässer in Bayern. Bekannt ist der See vor allem durch die Fraueninsel (Foto rechts), auf der sich ein Nonnenkloster befindet, sowie durch die Schlösser von „Märchenkönig" Ludwig II. auf der Herreninsel.

Chiemsee, also known as the "Bavarian Sea," is the largest body of water in Bavaria. It is best known for the Fraueninsel (photo right) with its convent and castle of the "fairytale king" Ludwig II on the Herreninsel.

Le Chiemsee, également appelé «Mer bavaroise» est la plus vaste étendue d'eau de Bavière. Ce lac est avant tout connu pour la Fraueninsel (Ile aux Dames) où se trouve un couvent de femmes ainsi que pour les châteaux du «roi de contes de fée», Louis II de Bavière, sur la «Herreninsel» (Ile aux Messieurs).

München, „Weltstadt mit Herz" und Landeshauptstadt des Freistaates Bayern, wurde 1158 zum ersten Mal urkundlich erwähnt. Der Blick geht über die Altstadt und die Isar bis zur Kette der Alpen, die sich am Horizont abzeichnet. Links die Türme der spätgotischen Frauenkirche.

Munich, the "cosmopolitan city with a heart," and Bavarian capital, dates its first recorded mention to 1158. This aerial view crosses the Altstadt and the River Isar to the Alps on the far horizon. The towers of the late Gothic Frauenkirche, or Church of Our Lady, are seen below left.

Munich, «ville internationale au grand cœur» et capitale de l'Etat Libre de Bavière fut mentionnée pour la première fois en 1158. La vue glisse par delà la ville historique et de l'Isar jusqu'à la chaîne des Alpes qui se dessinent à l'horizon. À gauche, les tours de la Frauenkirche (église Notre-Dame), de style gothique tardif.

Die Zugspitze am Westrand des Wettersteingebirges ist mit 2962 Metern der höchste Berg Deutschlands. Wer die Mühen einer Bergwanderung zum Gipfel scheut, kann die Bergspitze mit dem herrlichen Weitblick über die Alpen auch mit einer Zahnrad- oder Seilbahn erreichen.

At 2,962 metres, the Zugspitze at the western edge of the Wetterstein mountains is Germany's highest peak. Those who balk at the ardours of a day-long trek to the top can travel up by rack-railway or cable car to enjoy the magnificent panoramic view of the Alps.

Les 2962 mètres de la Zugspitze, en bordure ouest du massif de Wetterstein en font la plus haute montagne d'Allemagne. Quiconque recule devant une ascension d'une journée pour atteindre le sommet, peut y parvenir en empruntant le chemin de fer à crémaillère ou la télécabine pour jouir du magnifique panorama qui se déploie sur les Alpes.

Im welligen Hügelland des Pfaffenwinkels liegt die Wieskirche. Die Brüder Johann Baptist und Dominikus Zimmermann erbauten dieses Meisterwerk des bayerischen Rokoko 1745 bis 1754. Die Wallfahrtskirche, die bereits 1983 zum Weltkulturerbe erklärt wurde, wird jährlich von mehr als einer Million Menschen besucht.

The Wieskirche stands in the open hilly countryside of the Pfaffenwinkel. This masterpiece of Bavarian Rococo was built between 1745 and 1754 by the architect Dominikus Zimmermann. The Wallfahrtskirche pilgrimage church, which was declared a Unesco world heritage site in 1983, is visited by over a million people a year.

La Wieskirche, petite église, se blottit au creux du paysage vallonné du Pfaffenwinkel. Les frères Johann Baptist et Dominikus Zimmermann érigèrent ce chef-d'œuvre du rococo bavarois de 1745 à 1754. L'église de pèlerinage, déclarée patrimoine culturel mondial depuis 1983 accueille chaque année plus d'un million de visiteurs.

Fläche: 35 751 km²
Einwohner: 10,7 Millionen
Hauptstadt: Stuttgart (592 000 Einwohner)
Größere Städte: Mannheim (311 000 Einwohner), Karlsruhe
(291 000), Freiburg im Breisgau (220 000), Heidelberg (145 000)

Geografisches: Baden-Württemberg ist Frankreich und der
Schweiz benachbart, wobei größtenteils der Rhein die Grenze
bildet. An der Oberrheinischen Tiefebene schließt sich der
Schwarzwald an, ein beliebtes Mittelgebirgs-Erholungsgebiet.
Im Süden reicht das Land bis zum Bodensee, auch „Schwäbi-
sches Meer" genannt. Die Hauptstadt Stuttgart liegt inmitten
des Neckarbeckens.
Geschichte: Wie der Stauferlöwe im Wappen belegt, versteht
sich Baden-Württemberg als Nachfolger des einstigen Herzogtums Schwaben, das unter dem Kaisergeschlecht der Staufer
im Mittelalter eine territoriale Einheit war. In der Folgezeit
kam es in diesem Gebiet zu einer Zersplitterung in über 600
Herrschaftsgebilde, von denen zu Beginn der Neuzeit allein
die Kurpfalz, die österreichischen Vorlande, die hohenlohi-
schen Fürstentümer, das Fürstbistum Würzburg, die Hohen-
zollern-Lande, das Herzogtum Württemberg und die badi-
schen Markgrafschaften größere Bedeutung hatten. Mit der
Flurbereinigung 1803 bis 1806 verloren alle diese Territorien
mit Ausnahme Badens, Württembergs und Hohenzollerns
ihre Eigenständigkeit. Die beiden Mittelstaaten, das Königreich Württemberg und das Großherzogtum Baden, standen
im 19. Jahrhundert vor der schwierigen Aufgabe, die von unterschiedlichen Traditionen, Konfessionen und ökonomischen
Voraussetzungen geprägten Regionen zu einheitlichen Gebil-
den mit einer modernen, rechtsstaatlichen Verfassung zusam-
menzufügen. Mit dem Ende der deutschen Monarchie 1918
wurden beide zu Republiken, die nach einer kurzen Zeit der
demokratischen Entwicklung 1933 im diktatorischen nationalsozialistischen Einheitsstaat aufgingen.
Das heutige Baden-Württemberg ist das einzige Land, das
seine Existenz einer Volksabstimmung verdankt. Die Besat-
zungsmächte Frankreich und USA hatten 1945 nach Kriegsende in der Region zunächst drei Länder gebildet: Württemberg-Hohenzollern, Württemberg-Baden und (Süd-)Baden.
Während sich die Landesregierungen der beiden erstgenann-
ten Länder für die Vereinigung aussprachen, stemmte sich die
(süd-)badische Regierung in Freiburg zunächst dagegen,
akzeptierte aber dann das Ergebnis der Volksabstimmung
vom Dezember 1951, in der die Gesamtbevölkerung der drei
Länder mit großer Mehrheit für einen einheitlichen Südwest-
staat – eben Baden-Württemberg – votierte; in (Süd-)Baden
allerdings sprach sich die Mehrheit damals für die Beibehal-
tung der alten Länder aus.
Erst 1970 wurden die Südbadener in einer Volksabstimmung
erneut wegen dieser Frage an die Urnen gebeten. Sie ent-
schieden sich mit 81,9 Prozent für den Fortbestand Baden-
Württembergs, das zu diesem Zeitpunkt schon auf eine knapp
zwanzigjährige Geschichte zurückblicken konnte.

Area: 35,751 square kilometres
Population: 10.7 million
Capital: Stuttgart (population 592,000)
Principal cities: Mannheim (population 311,000), Karlsruhe
(291,000), Freiburg/Breisgau (220,000), Heidelberg (145,000)

Geography: Baden-Württemberg borders on France and
Switzerland, with the Rhine as the greatest part of the border.
The lowlands of the upper Rhine region are adjacent to the
Black Forest, which is a popular excursion area. Down in the
south this state reaches as far as Lake Constance, which is also
called the "Swabian Sea." The capital Stuttgart is situated in
the middle of the Neckar basin.
History: The Hohenstaufen Lion in the coat-of-arms of Baden-
Württemberg is proof of the fact that this state sees itself as a
successor to the bygone duchy of Swabia, which, in the Middle
Ages, was a territorial unit at the time of the Staufen emperors. In the following period this region split into over 600 territories, including the Kurpfalz, an Austrian region, the principalities of Hohenlohe, the grand duchy of Würzburg, the Hohenzollern region, the duchy of Württemberg, and the Baden
duchies, to mention those of any importance. Due to the con-
solidation of 1803–1806 all territories with the exception of
Baden, Württemberg, and Hohenzollern lost their sovereignty.
The two medium-sized states, the kingdom of Württemberg
and the grand duchy of Baden, were confronted with the com-
plicated task of merging regions of different traditions, de-
nominations and economic status into units with a modern
constitution in the nineteenth century. With the fall of the German monarchy in 1918 both became republics, which, after a
short period of democratic development, were merged with
the unitary National Socialist dictatorship in 1933.
Today's Baden-Württemberg is the only state of Germany that
owes its existence to a popular vote. In 1945, after the end of
the war, the allies France and the USA at first made three
states of the region: Württemberg-Hohenzollern, Württemberg-Baden, and (South) Baden. While the governments of the
first two mentioned above had no objections to a merger, the
(South) Baden government in Freiburg put up resistance, but,
in December 1951, accepted the results of the popular vote, in
which the total populace of the three states voted for a united
south-western state by a great majority – thus Baden-Württemberg came into being; yet, at that time, the majority of (South)
Baden would have preferred to retain the old three states' borders.
Then, in 1970, the people of South Baden were once again
asked to vote upon the matter. This time 81.9 per cent decided
for the continuing existence of Baden-Württemberg, which, by
then, could look back upon almost two decades of history as a
unit.

Superficie: 35 751 km²
Nombre d'habitants: 10,7 millions
Capitale: Stuttgart (592 000 habitants)
Villes principales: Mannheim (311 000 habitants), Karlsruhe
(291 000), Fribourg-en-Brisgau (220 000), Heidelberg (145 000)

Géographie: Le Bade-Wurtemberg se trouve aux frontières de la
France et de la Suisse marquées en grande partie par le Rhin.
À l'est de la plaine du Haut-Rhin se situe la Forêt-Noire dont
les montagnes offrent des lieux de villégiature prisés. Au sud,
le Land s'étend jusqu'au Lac de Constance (dit Mer Souabe).
La capitale, Stuttgart, est sise dans le bassin du Neckar.
Histoire: Ainsi que le prouve le lion des Staufen sur son écus-
son, le Bade-Wurtemberg se considère comme étant le successeur de l'ancien duché de Souabe. Celui-ci formait au Moyen-
Age une unité territoriale sous les empereurs de la lignée des
Staufen. Par la suite, le territoire est morcelé en six cents petits Etats environ. Au début, seuls le Palatinat électoral, l'avant-
pays autrichien, les principautés de Hohenlohe, l'archevêché
de Wurzbourg, les domaines des Hohenzollern, le Duché de
Wurtemberg, et les comtés de Bade conservent une certaine
importance. Le remembrement qui a lieu entre 1803 et 1806
veut que tous ces Etats perdent leur autonomie, exception faite
de la Bade, du Wurtemberg et du Hohenzollern. Au 19e siècle,
les deux Etats de l'Allemagne moyenne, c'est-à-dire le
Royaume de Wurtemberg et le Grand Duché de Bade se voient
obligés de réunir toutes ces régions marquées par des traditions, des confessions et conditions économiques différentes.
Le but de cette tâche est de leur donner une constitution moderne. En 1918, avec la fin de la monarchie allemande, le
Royaume de Wurtemberg et le Grand Duché de Bade deviennent des républiques qui, après une courte période de démocratie, s'intègrent au régime national-socialiste en 1933.
Le Bade-Wurtemberg est aujourd'hui le seul Land devant son
existence à un plébiscite. En 1945, la France et les Etats-Unis
en font trois Länder: le Wurtemberg-Hohenzollern, le Wur-
temberg-Bade et le Bade-Sud. Alors que les gouvernements
des deux premiers votent pour une union, le Bade-Sud et son
gouvernement à Fribourg le refuse tout d'abord. Elle accepte
pourtant la décision du plébiscite de décembre 1951 par lequel
la grande majorité de la population des trois Länder votent
pour un seul Etat au sud-ouest de l'Allemagne: le Bade-Wurtemberg. La majorité du Bade-Sud manifeste cependant son
désir de garder son indépendance.
Ce n'est qu'en 1970 que l'on demande à nouveau aux habitants de Bade-Sud de donner leur avis. Cette fois-ci, un pour-
centage de 81,9 vote en faveur du Land de Bade-Wurtemberg
qui, à cette époque, existe déjà depuis vingt ans.

Fläche: 70 552 km²
Einwohner: 12,5 Millionen
Hauptstadt: München (1,3 Millionen Einwohner)
Größere Städte: Nürnberg (504 000 Einwohner), Augsburg (263 000), Würzburg (134 000), Regensburg (134 000)

Geografisches: Bayern ist flächenmäßig das größte deutsche Land. Dank seiner landschaftlichen Schönheiten – der Alpen mit Garmisch-Partenkirchen und der Zugspitze, des hügeligen Alpenvorlandes mit seinen Seen, der durch das Donautal davon getrennten Fränkischen Alb sowie des Bayerischen Walds – ist Bayern zu einem beliebten Ferienziel geworden.

Geschichte: Bayern kann stolz auf eine fast eineinhalbtausendjährige Geschichte verweisen, war doch bereits im 6. Jahrhundert die Landnahme durch die Bajuwaren zwischen Lech, Donau und Alpen vollzogen. Mit der Verleihung des Herzogtums Bayern an die Wittelsbacher 1180 begann eine Periode der dynastischen Kontinuität, die erst 1918 mit der Abdankung des letzten Bayernkönigs Ludwig III. endete. In dieser Zeit erlebte Bayern eine Reihe einschneidender, auch geografischer Veränderungen. Erst mit der – im Bündnis mit Napoleon durchgesetzten – Erhebung zum Königreich 1806 kamen (bis 1813) zu Altbayern die fränkischen und schwäbischen Gebiete hinzu.

Das nun geeinte Land wurde von den Wittelsbacher Königen nach zentralistischen und absolutistischen Prinzipien straff verwaltet. Der im Revolutionsjahr 1848 an die Macht gekommene König Maximilian II. begünstigte liberale und soziale Reformen. Sein Sohn ist der „Märchenkönig" Ludwig II., der Schloss Neuschwanstein bauen ließ und seinem Leben in geistiger Umnachtung durch Ertränken im Starnberger See selbst ein Ende setzte.

Mit der Gründung des Deutschen Kaiserreichs 1871 verlor Bayern wichtige Kompetenzen an die Zentralregierung in Berlin. Finanzen, Verkehr, Kultur, Justiz, Soziales und Verwaltung blieben jedoch Landessache. Als mit dem deutschen Kaiser in Berlin auch der Bayernkönig in München nach dem Ersten Weltkrieg abdanken musste, entstand der „Freistaat Bayern" mit dem Volk als Souverän. Nach einem kurzen Zwischenspiel zweier sozialistischer Räterepubliken im Frühjahr 1919 setzte sich mit Unterstützung der Reichsregierung der gewählte Landtag als Volksvertretung durch. In die Zeit galoppierender Inflation fiel Hitlers Putsch-Versuch von 1923. Während der nationalsozialistischen Diktatur verlor Bayern alle eigenstaatlichen Befugnisse.

Nach 1945 wurde das Land Bayern – allerdings ohne die Pfalz – von der amerikanischen Besatzungsmacht wiederhergestellt. Als einziges Landesparlament versagte der bayerische Landtag 1949 dem Grundgesetz der neugeschaffenen Bundesrepublik Deutschland die Zustimmung, da es seiner Ansicht nach die Rechte der Länder zu stark einschränkte; die Verbindlichkeit der Verfassung wurde jedoch bejaht. Bayern versteht sich aufgrund seiner fast eineinhalbtausendjährigen Geschichte als Verfechter des Föderalismus in Deutschland und Europa. In dem europäischen Einigungsprozess tritt der Freistaat für ein Europa der Regionen ein, in dem Föderalismus und Subsidiarität das Maß für Struktur und Handlung liefern.

Area: 70,552 square kilometres
Population: 12.5 million
Capital: Munich (population 1.3 million)
Principal cities: Nuremberg (population 504,000), Augsburg (263,000), Würzburg (134,000), Regensburg (134,000)

Geography: In area Bavaria is the largest German state. Thanks to its beautiful countryside, the Alps with Garmisch-Partenkirchen and the Zugspitze, the Alpine foothills with their lakes, the Franconian Alps, separated from the other regions by the Danube valley, as well as the Bavarian Forest, Bavaria has developed into a popular holiday region.

History: Bavaria can proudly look back upon a history of almost one and a half thousand years. The Bavarians settled in the area bordered by the Lech, the Danube and the Alps in the sixth century AD. Ever since the duchy of Bavaria was enfeoffed to the Wittelsbachs in 1180, a period of dynastic continuity was ensured, ending in 1918, when the last of the Bavarian kings, Ludwig III, abdicated. In the course of this time, Bavaria was put through a series of incisive, partly geographical changes. Only by being elevated to the status of a kingdom in 1806 – by means of an alliance with Napoleon – did the original Bavaria gain (by 1813) the regions of Franconia and Swabia.

The now united land was strictly ruled by the Wittelsbach kings according to centralist and absolutist principles. Maximilian II, who was crowned in the year of the revolution, 1848, was a king who furthered liberal and social reforms. His son was the "fairy-tale king" Ludwig II, who built Neuschwanstein Castle and put an end to his life during a period of insanity by drowning himself in Lake Starnberg.

With the foundation of the German Empire in 1871, Bavaria lost important fields of competence to the central government in Berlin. However, finance, transport, culture, justice, social matters, and administration remained domains of the Bavarian state. After the monarch of Bavaria was forced to abdicate along with the German Kaiser in Berlin after the First World War, Bavaria became a republic, with its people as sovereign. After a short intermezzo of two socialist soviet-style republics ("Räterepubliken") in the spring of 1919, an elected state parliament as representative of the people was able to establish itself successfully – with help of the Reich government. Hitler's 1923 attempted putsch took place at a time of galloping inflation. Under the Nazis Bavaria forfeited its authority as a sovereign state.

The American occupation authorities re-established Bavaria, but without the Palatinate, after 1945. The only state parliament of the newly created Federal Republic of Germany to deny acceptance of the constitution in 1949 was the Bavarian state assembly, since it was of the opinion that it did not ensure enough sovereignty for the member states of the federation; the obligations of the constitution were however accepted. As a result of its almost one and a half thousand years of history, it goes without saying that Bavaria is a champion of federalism in Germany and Europe. In the process of European unification it stands for a Europe of the regions in which federalism and subsidiarity provide the yardsticks for both structure and action.

Superficie: 70 552 km²
Nombre d'habitants: 12,5 millions
Capitale: Munich (1 300 000 habitants)
Villes principales: Nuremberg (504 000 habitants), Augsbourg (263 000), Wurzbourg (134 000), Regensbourg (134 000)

Géographie: La Bavière est le Land ayant la plus grande superficie en Allemagne. La beauté de ses paysages en fait un but de vacances privilégié composé par les Alpes avec Garmisch-Partenkirchen, la Zugspitze, les préalpes vallonnées avec leurs lacs, le Jura franconien qui en est séparé par la vallée du Danube ainsi que la Forêt de Bavière.

Histoire: On peut remonter le cours de l'histoire de la Bavière sur 1500 ans. Au 6e siècle déjà, les Bajuvares ont terminé leurs conquêtes territoriales entre le Lech, le Danube et les Alpes. L'attribution du Duché de Bavière aux Wittelsbach en 1180 marque le début d'une dynastie constante qui ne s'éteint qu'en 1918 avec l'abdication du roi Louis III. Durant ces siècles, la Bavière connut un nombre de changements remarquables surtout sur le plan géographique. Ce n'est qu'en 1806, lors de l'instauration du royaume – possible grâce à la coalition avec Napoléon – que la Franconie et la Souabe deviennent jusqu'en 1813 également bavaroises. Dès lors, le pays est organisé en vertu des principes du centralisme et de l'absolutisme. Le Roi Maximilien II (qui prend le pouvoir dans l'année de la Révolution en 1848) favorise les réformes libérales et sociales. Son fils est le fameux «Märchenkönig», Louis II de Bavière, qui fit construire le château de Neuschwanstein et qui, devenu fou, mit fin à ses jours en se noyant dans le lac de Starnberg. Avec la fondation de l'Empire allemand en 1871, la Bavière doit céder la plupart de ses compétences au pouvoir central à Berlin. Pourtant, les questions de finances, de transports, de la culture, de la justice, des affaires sociales et de l'administration sont tranchées par le gouvernement du Land. Lorsque le roi de Bavière se voit obligé de démissionner après la Première Guerre mondiale, en même temps que l'empereur allemand, la Bavière devient un Etat libre dont le peuple est le souverain. Après un court intermède de deux républiques des conseils socialistes au printemps de l'année 1919, le parlement du Land s'impose en tant que représentation du peuple avec l'appui du gouvernement de l'Empire. La tentative de putsch faite par Hitler en 1923 coincide avec la période d'inflation galoppante sévissant alors en Allemagne. Sous le régime de dictature national-socialiste, la Bavière se vit privée de tous les pouvoirs dont elle disposait en tant qu'Etat souverain.

Après 1945, la Bavière est rétablie par les forces d'occupation américaines sans le Palatinat toutefois. En 1949, le parlement bavarois est le seul des parlements des Länder à refuser de donner son accord à la nouvelle constitution de la République fédérale d'Allemagne, trouvant que celle-ci limite trop les droits des Länder. Le caractère impératif de la constitution est par contre reconnu. Forte de son histoire remontant à bientôt 1500 ans, la Bavière s'est faite la championne du fédéralisme tant en Allemagne qu'en Europe. Pour ce qui est de l'unification européenne, l'Etat libre de Bavière préconise une Europe des régions, au sein de laquelle le fédéralisme et le principe de subsidiarité constituent les critères sur lesquels reposent les structures et l'action.

Fläche: 892 km²
Einwohner: 3,4 Millionen

Geografisches: In einem eiszeitlichen Urstromtal gelegen, wird Berlin von der Havel und der Spree durchflossen und verfügt daher im Stadtgebiet über zahlreiche natürliche Erholungsgebiete. Infolge der Zerstörung im Zweiten Weltkrieg, der anschließenden Abrisspolitik und vor allem des Mauerbaus lagen lange Zeit im Herzen der Stadt weite Flächen brach, die nun wieder bebaut werden. Es gibt zwei Zentren: um den Kurfürstendamm im Westen und um die Prachtstraße Unter den Linden im Osten.

Geschichte: Berlin ist relativ jung; offizielles Gründungsjahr der Doppelstadt Berlin-Cölln ist 1237. Im 14. Jahrhundert entwickelte sich die Stadt aufgrund ihrer natürlichen Lage an der Spreemündung zu einem bedeutenden Handelsplatz und spielte politisch wie ökonomisch eine herausragende Rolle in der Mark Brandenburg. Zwar verlor Berlin im 15. Jahrhundert diese wirtschaftliche Stellung, es wurde aber Residenz der in Brandenburg – später Preußen – regierenden Hohenzollern. Unter König Friedrich II. (Regierungszeit: 1740–1786) erlebte Berlin als Hauptstadt Preußens eine erneute Blütezeit; die Einwohnerzahl wuchs auf 150 000.

Mit der Ernennung zur Reichshauptstadt 1871 begann eine neue Epoche. Berlin wuchs während der Kaiserzeit zum politischen und kulturellen Zentrum des Reichs heran, auch wenn es insofern eine besondere Entwicklung nahm, als hier die Arbeiterbewegung besonders stark war. Mit der Abdankung des Kaisers zum Ende des Ersten Weltkriegs kulminierten in Berlin die sozialen Auseinandersetzungen, unter anderem im kommunistischen Spartakusaufstand, der im Januar 1919 niedergeschlagen wurde. 1920 wurde die Stadtgemeinde Berlin durch Angliederung von mehreren Kleinstädten und Landgemeinden geschaffen. Mit vier Millionen Einwohnern und einer Fläche von 878 Quadratkilometern war dieses Groß-Berlin die größte Industriestadt des Kontinents und hatte während der „Goldenen Zwanziger" echtes Weltstadtflair. In der Zeit des Nationalsozialismus war Berlin Sitz der Hitler-Regierung. Trotzdem bildeten sich in der Stadt Widerstandsgruppen. Nach Kriegsende wurde Berlin in vier Besatzungszonen aufgeteilt und von den Siegermächten zunächst gemeinsam regiert. Die Sowjetunion zog sich im Juni 1948 aus der Stadtregierung zurück und reagierte auf die Währungsreform in den Westsektoren mit einer Blockade; die Versorgung konnte nur mit einer Luftbrücke aufrechterhalten werden. Der Ostteil wurde mit Gründung der DDR 1949 Hauptstadt des neu entstandenen Staates.

Ein sowjetisches Ultimatum beschwor 1958 eine neuerliche Krise herauf. In der Folgezeit setzte ein Flüchtlingsstrom aus der DDR ein, dem die SED-Regierung am 13. August 1961 mit dem Bau der Mauer mitten durch die Stadt ein gewaltsames Ende setzte. Nach Massenprotesten und einer Ausreisewelle wurde die Mauer am 9. November 1989 von der DDR-Regierung geöffnet. Mit der deutschen Einheit endete 1990 auch die Teilung Berlins, das wieder deutsche Hauptstadt wurde. 1991 entschied der Bundestag, dass Regierung und Parlament ihren Sitz in Berlin haben sollen.

Area: 892 square kilometres
Population: 3.4 million

Geography: Situated in an Ice Age valley, Berlin has the Havel and the Spree flowing through it. Therefore the city itself boasts many natural resources for outings. Due to Second World War destruction, the ensuing policy of demolition and especially due to the construction of the Wall, many areas in the heart of the city were long time left unused. Now, they are filling with life again. It has two centres: Around the Kurfürstendamm in the west part and around Unter den Linden in the east.

History: Berlin is relatively young; the official foundation date of the twin-city Berlin-Cölln is 1237. In the fourteenth century the city, thanks to its natural position in the Spree delta, developed into a major centre of trade and was to become extremely significant for the March of Brandenburg politically as well as economically. Berlin's economic importance lessened in the fifteenth century, but later it was chosen to be the residence of the Hohenzollern dynasty as rulers of what was first Brandenburg, then later Prussia. At the time of the reign of King Friedrich II (1740–1786), Berlin, capital city of Prussia, rose to new heights; its population increased to 150,000.

A new epoch began in 1871, when Berlin became the capital of the Reich. During the reign of the emperors, Berlin evolved into the political and cultural centre of the Reich, even though, the workers movement, which was particularly strong in the city, conferred a special character on its development. At the end of the First World War, when the Kaiser abdicated, social upheavals culminated in Berlin: among others, the communist Spartacus revolt, which was put down in January, 1919. In 1920, the urban municipality of Berlin was created by incorporating several smaller towns as well as rural communities. With its four million inhabitants and a region encompassing 878 square kilometres, Greater Berlin was the largest industrial city of the continent and had the flair of a cosmopolitan capital during the "roaring twenties." In the era of National Socialism, Berlin was the capital of Hitler's government. Yet resistance groups were still set up in the city. After the end of the war Berlin was divided into four occupation sectors and, to begin with, jointly administered by the four Allies. In June 1948, the Soviet Union withdrew from the urban government and reacted to the currency reform in the western sectors by imposing a blockade; supplies could thus only be transported by aircraft. With the foundation of the German Democratic Republic in 1949, the eastern part of the city became capital of the new state.

In 1958, a Soviet ultimatum caused yet another crisis. In the time thereafter, a stream of refugees left the GDR. The SED (Socialist Unity Party) government put a forceful end to this on 13 August 1961 by building the Wall right through the heart of the city. In the wake of massive protests and waves of refugees, the Wall was opened by the government of the GDR on 9 November 1989. The division of Berlin ended in 1990, the year in which German unity was achieved. Once again it was to become the capital of Germany. In 1991, the Bundestag decided that government and parliament were to return to Berlin.

Superficie: 892 km²
Nombre d'habitants: 3,4 millions

Géographie: Berlin est situé dans un bassin fluvial datant de l'époque glaciaire. Deux rivières traversent la ville, la Havel et la Spree, et l'on y trouve un grand nombre de parcs et zones de repos. Les conséquences des bombardements de la Seconde Guerre mondiale, de la politique de démolition et de la construction du Mur veulent que de vastes parties de la ville restèrent longtemps inutilisées, parties qui font aujourd'hui l'objet de mesures d'urbanisation. Berlin a aujourd'hui deux centres: l'un entourant le Kurfürstendamm à l'ouest et l'autre entourant le boulevard Unter den Linden à l'est.

Histoire: Berlin est une ville relativement jeune, fondée en 1237. La ville de Berlin-Cölln se développe au 14e siècle grâce à sa situation favorable à l'embouchure de la Spree. Elle devient une place commerciale importante et joue un rôle dominant dans la Marche de Brandebourg tant du point de vue politique qu'économique. Bien que Berlin eût perdu son importance économique au 15e siècle, elle devint résidence des Hohenzollern qui gouvernèrent le Brandebourg, la future Prusse. En tant que capitale de la Prusse, la ville connaît son apogée sous le Roi Frédéric II qui règne de 1740 à 1786. Le nombre des habitants atteint alors 150 000.

Sa désignation de capitale du Reich en 1871 marque le début d'une nouvelle époque. Berlin devient le centre politique et culturel de l'Empire allemand, même si le mouvement ouvrier qui y est particulièrement vigoureux confère à son développement un caractère particulier. La crise sociale culmine avec l'abdication de l'Empereur à la fin de la Première Guerre mondiale. Citons en exemple le soulèvement communiste de la ligue Spartakus, réprimé en janvier 1919. En 1920, la commune de Berlin s'agrandit avec l'annexion de diverses petites villes et communes de la banlieue. Avec 4 millions d'habitants et une superficie de 878 kilomètres carrés, Berlin devient la plus grande ville industrielle du continent et a la réputation d'une véritable métropole dans les années 20. Durant le régime national-socialiste, Berlin est le siège du gouvernement. Et pourtant, c'est là que se constituent certaines cellules de la résistance. Après la fin de la Seconde Guerre mondiale, Berlin est divisé en quatre zones d'occupation et gouverné conjointement par les Alliés. L'Union soviétique se retire en juin 1948 de ce gouvernement. À la suite de la réforme monétaire dans la partie ouest de la ville, elle réagit par un blocus. Les Etats-Unis, la France et la Grande-Bretagne répondent en formant un pont aérien pour assurer l'approvisionnement. Berlin-Est devient capitale de la République démocratique d'Allemagne après la fondation de cette dernière en 1949.

Un ultimatum soviétique, en 1958, plonge la ville dans une nouvelle crise. Pour mettre fin à l'exode de réfugiés passant de l'est à l'ouest, le gouvernement de la RDA fait construire un mur partageant la ville le 13 août 1961. Après des manifestations qui mobilisèrent des centaines de milliers de personnes et un exode massif de la population, le gouvernement de la RDA ouvre le mur le 9 novembre 1989. En 1990, la réunification de l'Allemagne met également fin à la division de Berlin, qui redevient capitale du pays. En 1991, le Parlement adopte une résolution selon laquelle Berlin redevient le siège du gouvernement et du parlement.

Fläche: 29 478 km²
Einwohner: 2,5 Millionen
Hauptstadt: Potsdam (153 000 Einwohner)
Größere Städte: Cottbus (102 000 Einwohner), Brandenburg (73 000), Frankfurt/Oder (61 000), Eisenhüttenstadt (32 000)

Geografisches: Brandenburg grenzt im Osten an Polen und umschließt Berlin. Ein steter Wechsel zwischen trockenen, sandig-lehmigen Erhebungen und feuchten, tiefgelegenen, zum Teil vermoorten Talebenen mit zahlreichen Seen und Trockenlegungen charakterisiert Brandenburg mit den Landschaften Prignitz, Uckermark, Ruppin, Havelland, Mittelmark, Neumark, Fläming und Niederlausitz.

Geschichte: Nach mehreren vergeblichen Versuchen, das seit dem 7. Jahrhundert von heidnischen Slawen besiedelte Land dem christlichen Fränkischen Reich einzugliedern, gelang es dem Askanier Albrecht dem Bären im 12. Jahrhundert, das Gebiet für die deutsche Ostsiedlung zu erschließen. Nach dem Aussterben der Askanier 1320 stand Brandenburg unter der Herrschaft der Wittelsbacher und später der Luxemburger, die das Gebiet vernachlässigten.

Mit der Belehnung der Mark Brandenburg an die Hohenzollern 1419 begann ein neuer Abschnitt: Die folgenden 500 Jahre hatte dieses Geschlecht – als Kurfürsten von Brandenburg, Könige von Preußen und deutsche Kaiser – die Herrschaft inne. Zielstrebig baute Brandenburg zunächst sein Territorium aus und gewann durch Erbschaft Anfang des 17. Jahrhunderts unter anderem das Herzogtum Preußen hinzu. Im Dreißigjährigen Krieg (1618–1648) wurde es schwer verwüstet, der Westfälische Frieden brachte jedoch erneuten territorialen Zugewinn. Der damals regierende Friedrich Wilhelm I., der Große Kurfürst, erließ das Potsdamer Edikt. Danach wurde den aus Frankreich geflüchteten Hugenotten eine Reihe von „Rechten, Privilegien und anderen Wohltaten" garantiert. Dazu gehörten die vollen Bürgerrechte und eine kostenfreie Aufnahme in die Zünfte. Die Niederlassung und Religionsfreiheit wurden durch Privilegien gesichert. Über 300 000 Menschen, darunter 20 000 Hugenotten, 20 000 Salzburger, 7000 Pfälzer, 7000 Schweizer und 5000 Böhmen, kamen in der Folgezeit nach Brandenburg und trugen mit ihren Kenntnissen und Fähigkeiten entscheidend zum Aufbau des Landes bei. Inbegriff des Preußentums ist Friedrich II., der Große, König von 1740 bis 1786. Er schuf einen straff organisierten Beamtenstaat, förderte Handel und Gewerbe, aber auch Kunst und Wissenschaften. Zugleich beendete er eine längere Friedenszeit, indem er den Anspruch auf das zu Österreich gehörende Schlesien kriegerisch durchzusetzen versuchte. Fremde Truppen besetzten vorübergehend Berlin, Preußen jedoch wurde als Großmacht anerkannt. Nach der Niederlage Preußens gegen die napoleonische Armee 1806 blieb Brandenburg Kernland des verkleinerten Preußens, 1815 erhielt es den Status einer preußischen Provinz. Auf die Gleichschaltung durch die Nationalsozialisten und die deutsche Niederlage im Zweiten Weltkrieg folgte 1947 die Auflösung des Staates Preußen durch die Siegermächte. Die Provinz hieß vorübergehend „Land Mark Brandenburg", wurde aber 1952 bei der Gebietsreform von der DDR-Regierung in Bezirke aufgegliedert. 1990 wurde das Land Brandenburg – in veränderten Grenzen – wiederhergestellt.

Area: 29,478 square kilometres
Population: 2.5 million
Capital: Potsdam (population 153,000)
Principal cities: Cottbus (population 102,000) Brandenburg (73,000), Frankfurt/Oder (61,000), Eisenhüttenstadt (32,000)

Geography: Brandenburg borders on Poland to the east and surrounds Berlin. A continual contrast between dry, sand- and loam-covered hillocks and damp, low-lying valley plains with numerous lakes and drained areas is characteristic of Brandenburg and its districts of Prignitz, Uckermark, Ruppin, Havelland, Mittelmark, Neumark, Fläming and Niederlausitz.

History: After several futile attempts to incorporate the area, which had been settled by heathen Slavs since the seventh century, into the Christian Franconian realm, it was the achievement of the Ascanian Albrecht the Bear to open it up to German settlement. After the decline of the Ascanians in 1320, Brandenburg was administered by the Wittelsbachs, and later by the house of Luxembourg, who tended to neglect the region.

Commencing with the feudal tenure of the March of Brandenburg by the dynasty of Hohenzollern in 1419, a new era was initiated. This dynasty was to rule for the ensuing five centuries – as electors of Brandenburg, kings of Prussia, and emperors of Germany. Brandenburg systematically enlarged its territory and, by way of inheritance in the early seventeenth century, acquired, among others, the region of the Duchy of Prussia.

In the Thirty Years' War, 1618–1648, Brandenburg was heavily pillaged, but the Treaty of Westphalia once again helped to enlarge its territory. The ruler of the time, Friedrich Wilhelm I, the Great Elector, issued the Edict of Potsdam, guaranteeing the Huguenots who had fled from France a series of "rights, privileges and other benefits." In the years that followed over 300,000 people, among them 20,000 Huguenots, 20,000 Salzburgers, 7,000 inhabitants of the Palatinate, 7,000 Swiss and 5,000 Bohemians came to Brandenburg and employed their wide range of knowledge and skills in making a decisive contribution to the state's development.

The incarnation of Prussian character is Friedrich II the Great, king from 1740 to 1786. He created the strictly organized civil service state and furthered trade and commerce as well as the arts and sciences. At the same time he put an end to a longer period of peace by attempting to forcefully take Silesia, which at the time belonged to Austria. Berlin was temporarily occupied by foreign troops. Prussia, however, was accepted as a politically great power. After Prussia had lost to Napoleon's army in 1806, Brandenburg was still the heartland of a diminished Prussia, and in 1815 gained the status of a Prussian province. After having been brought in line by the National Socialists and following the defeat of the Germans in the Second World War, the state of Prussia was disbanded by the Allies. The province was temporarily named the March of Brandenburg, but in 1952 it was split up into several regions in the course of an administrative reform by the GDR government. In 1990, Brandenburg was re-established, with slightly altered borders.

Superficie: 29 478 km²
Nombre d'habitants: 2,5 millions
Capitale: Potsdam (153 000 habitants)
Villes principales: Cottbus (102 000 habitants) Brandebourg (73 000), Francfort-sur-l'Oder (61 000), Eisenhüttenstadt (32 000)

Géographie: Le Brandebourg est limité, à l'est, par la Pologne et entoure Berlin. Une alternance ininterrompue de petites collines à la terre sèche, sableuse ou argileuse et de plaines en partie marécageuses s'étendant dans le creux de vallées agrémentées de nombreux lacs, caractérise le Brandebourg et les régions de Prignitz, d'Uckermark, de Ruppin, de Havelland, de Mittelmark, de Neumark, Fläming et de Niederlausitz.

Histoire: Au 7e siècle, toute la région est habitée par des Slaves paiens. Après plusieurs tentatives d'annexer le pays à l'empire chrétien des Francs, l'Ascanien Albrecht l'Ours réussit à coloniser les territoires de l'Est. Après la disparition de la dynastie ascanienne en 1320, le Brandebourg passe aux Wittelsbach et plus tard à la maison de Luxembourg, qui négligèrent cette région.

Après l'attribution du margraviat de Brandebourg aux Hohenzollern en 1419 une nouvelle ère commence qui durera 500 ans. La famille de Hohenzollern est le berceau des électeurs de Brandebourg, des rois de Prusse et des empereurs allemands. Le Brandebourg agrandit son territoire. Il se voit attribuer, à titre d'héritage, le Duché de Prusse au début du 17e siècle.

Durant la guerre de Trente ans, de 1618 à 1648, le pays est terriblement ravagé. Pourtant, le Traité de Westphalie lui rend des territoires. Frédéric Guillaume Ier, le Grand Electeur régnant à l'époque, promulgua l'Edit de Potsdam. Celui-ci garantissait aux huguenots ayant fui hors de France, une série de «droits, privilèges et autres bienfaits». Parmi ces derniers, tous les droits du citoyen ainsi que l'admission gratuite au sein des corporations. Plus de 300 000 personnes, dont 20 000 huguenots, 20 000 Salzbourgeois, 7000 Palatins, 7000 Suisses et 5000 ressortissants de Bohême vinrent s'installer dans le Brandebourg au cours des années qui suivirent et, grâce à leurs connaissances et leurs capacités en tous genres, contribuèrent, dans une large mesure, à l'essor du pays.

Les qualités prussiennes sont incarnées par Frédéric II le Grand, roi de 1740 à 1786. Il crée un état de fonctionnaires bien organisé et favorise le commerce ainsi que l'art et les sciences. Il met en même temps fin à une longue période de paix en cherchant à annexer la Silésie, alors province autrichienne. Bien que Berlin soit occupé par des troupes étrangères pendant une courte période, la Prusse est reconnue partout comme une grande puissance. Après sa défaite infligée par l'armée de Napoléon en 1806, le Brandebourg reste le noyau d'une Prusse amenuisée. En 1815, il reçoit le statut de province prussienne. À la suite de l'uniformisation par le pouvoir national-socialiste et de la défaite allemande de la Seconde Guerre mondiale, l'Etat de Prusse disparaît en 1947. La province dite »Mark-Brandebourg« est divisée en différents districts lors de la restructuration de la RDA en 1952. En 1990, le Brandebourg est recréé avec de nouvelles frontières.

Fläche: 405 km²
Einwohner: 662 000
Hauptstadt: Bremen (547 000 Einwohner)
Weitere Stadt: Bremerhaven (115 000 Einwohner)

Geografisches: Die Freie Hansestadt Bremen, das kleinste Land der Bundesrepublik, besteht aus den beiden an der Weser-mündung gelegenen Städten Bremen und Bremerhaven, die durch 60 Kilometer niedersächsisches Gebiet voneinander ge-trennt sind. Bremerhaven hat sich zu einem bedeutenden Fischereihafen entwickelt.

Geschichte: Das 787 als Bischofsstadt gegründete Bremen hat sich durch alle Wechselfälle der deutschen Geschichte weit-gehend seine Unabhängigkeit bewahren können. Die Ent-wicklung der Stadt ist durch Hafen und Schifffahrt entschei-dend geprägt. 965 bildete sich eine Kaufmannsgilde, und schon vor dem Beitritt Bremens zur Hanse 1358 trieb man von der Weser aus regen Handel zwischen Norwegen und dem Mittelmeer. Innerhalb des hansischen Städtebundes, der vom 14. bis zum 16. Jahrhundert den Handelsverkehr im Nord- und Ostseeraum beherrschte, hatte Bremen neben Hamburg und Lübeck eine bedeutende Position inne. Im 18. Jahrhundert begann die Blütezeit des Ostasien- und Ame-rikahandels, und im 19. Jahrhundert war Bremen ein wichti-ger Auswandererhafen.

Nach der Auflösung des Heiligen Römischen Reiches Deut-scher Nation (1806) gelang es dem damals regierenden Bür-germeister Johann Smidt, die Unabhängigkeit der Freien Stadt Bremen im Deutschen Bund zu sichern. Smidt war es auch, der 1827 von Hannover einen Weseruferstreifen erwarb, aus dem das spätere Bremerhaven hervorging. Nach der Gründung des Deutschen Reichs 1871 wurde Bremen Bundes-staat mit der verfassungsrechtlich festgelegten Bezeichnung Freie Hansestadt Bremen. Anders als Hamburg und Lübeck konnte Bremen diesen Titel auch während der nationalsozia-listischen Herrschaft bewahren, es wurde aber 1933 mit Oldenburg zur Reichsstatthalterschaft vereinigt. Bremerhaven wurde 1939 dem preußischen Wesermünde zugeschlagen, das Hafengelände jedoch blieb bremisches Gebiet.

Die amerikanischen Besatzer, die zum Jahreswechsel 1946/47 die Briten ablösten, proklamierten noch 1947 das Land Bre-men, das auch mit Gründung der Bundesrepublik Deutsch-land als Freie Hansestadt Bestand hatte. Seine Rolle als Hafenumschlagplatz hat das Land Bremen bis in die Gegen-wart bewahrt. Ein durchgreifender Strukturwandel sorgte zu-gleich für die Ansiedlung von Großunternehmen anderer Branchen sowie für die Entstehung kleiner und mittlerer Betriebe mit innovativem Programm. Heute sieht Bremen seine Zukunft in der Kombination von Außenhandel, Dienst-leistungen und Hightech-Industrien.

Area: 405 square kilometres
Population: 662,000
Capital city: Bremen (population 547,000)
Further city: Bremerhaven (population 115,000)

Geography: The Free Hanseatic City of Bremen, the smallest state of the Federal Republic of Germany, consists of the two cities Bremen and Bremerhaven, both of which are situated in the delta of the Weser, and separated by 60 kilometres of terri-tory belonging to Lower Saxony. Bremerhaven has developed into an important fishing port.

History: Bremen, which was founded in 787 as an episcopal see, was largely able to ensure its independence throughout the ups and downs of German history. The development of the city was mainly influenced by its port and ships. In 965, a commercial guild was constituted, and long before Bremen became a member of the Hanseatic League in 1358, trading was brisk, ranging from Weser to Norway and the Mediter-ranean. Within the union of the Hanseatic cities, which was predominant in the commercial trade in the North Sea and Baltic regions in the fourteenth to the sixteenth century, Bre-men was, besides Hamburg and Lübeck, in a position of im-portance. The eighteenth century was one of prosperity due to commerce with America and the Far East, and, in the nine-teenth century, Bremen was an important emigration port. After the liquidation of the Holy Roman Empire of the Ger-man Nation (1806), the burgomaster in office at the time, Johann Smidt, successfully ensured the independence of the Free City of Bremen in the German Alliance. It was also Smidt's merit to have acquired a strip of the banks of the Weser from Hanover. This strip was later to develop into the city of Bremerhaven. After the foundation of the German Reich in 1871, Bremen became a federal state with the consti-tutionally laid down title Free Hanseatic City of Bremen. Un-like Hamburg and Lübeck, Bremen was able to retain this title even during the National Socialist era, but nonetheless, in 1933, it was associated with Oldenburg as an administrative re-gion. In 1939, Bremerhaven was absorbed by the Prussian Wesermünde, but the port itself remained part of Bremen. In 1947, the US occupying forces, who succeeded the British at the end of 1946, proclaimed the state of Bremen, and this state continued to exist in the Federal Republic of Germany as a Free Hanseatic City. Even today, Bremen is a port of trans-shipment. At the same time comprehensive structural changes have encouraged relocation of big companies from other branches of industry as well as the emergence of small and medium-sized firms with innovatory ideas. Nowadays Bremen sees its future in a combination of foreign trade and of service and high-tech industries.

Superficie: 405 km²
Nombre d'habitants: 662 000
Capitale: Brême (547 000 habitants)
Autre ville: Bremerhaven (115 000 habitants)

Géographie: La Ville libre et hanséatique de Brême est en même temps le plus petit Land de la République fédérale d'Allemagne. Brême et Bremerhaven sont situées à l'embou-chure de la Weser et séparées l'une de l'autre par une bande de terre appartenant à la Basse-Saxe. Il y a 60 kilomètres de Brême à Bremerhaven. Bremerhaven est aujourd'hui l'un des ports de pêche les plus importants.

Histoire: La Ville de Brême est fondée en 787 en tant que ville épiscopale. Malgré tous les changements intervenus dans l'histoire allemande, elle a su garder son autonomie jusqu'à ce jour. Son histoire est surtout marquée par la mer. Une associa-tion de commerçants voit le jour en 965 et s'avère très active bien avant l'adhésion à la Hanse en 1358. Ces activités s'éten-dent de la Norvège à la Méditerranée. Dans la Hanse du 14e au 16e siècle, Brême joue un rôle très important à côté de Hambourg et Lubeck. Son commerce avec l'Asie orientale et l'Amérique commence à s'epanouir au 18e siècle. Le siècle sui-vant fait de Brême le point de départ le plus important des émigrants quittant l'Europe.

Après la dissolution du Saint-Empire romain germanique en 1806, le bourgmestre Johann Smidt garantit à Brême son au-tonomie au sein de la confédération germanique. C'est égale-ment lui qui, en 1827 acquit un morceau de territoire de la Basse-Saxe qui deviendra plus tard la ville de Bremerhaven. Après la fondation de l'Empire allemand en 1871, Brême de-vient un Etat portant le nom officiel de Ville libre et hanséa-tique. Elle garde ce titre même durant la période du national-socialisme, ce qui n'est pas possible aux villes de Hambourg et de Lubeck. Elle est par contre réunie à Oldenbourg en 1933 et devient district assujetti au Reich. En 1939, Bremerhaven de-vient prussienne avec Wesermünde, exception faite de l'aire portuaire qui reste brêmoise.

Après la Seconde Guerre mondiale, les occupants américains qui remplacent les Anglais à la fin de l'année 1946/début 1947 donnent à Brême le titre de Land tout en lui conservant celui de Ville libre et hanséatique. Tout comme autrefois, la ville est un des centres portuaires de l'Allemagne. Une recon-version structurelle radicale permit l'implantation de grandes entreprises issues d'autres branches et la création de petites et moyennes entreprises ayant inscrit l'innovation à leur pro-gramme. L'avenir de Brême repose aujourd'hui sur cette com-binaison de commerce extérieur, de prestations de services et de technologie de pointe.

Fläche: 755 km²
Einwohner: 1,7 Millionen

Geografisches: Die Freie und Hansestadt Hamburg liegt an der Elbe (120 Kilometer oberhalb der Mündung in die Nordsee) und kann auch von großen Seeschiffen angelaufen werden. Der Fluss mit dem malerisch am Hang gelegenen Blankenese, den beeindruckenden modernen Hafenanlagen und der neugotischen Speicherstadt prägt bis heute das Gesicht der Metropole, die durch die im Herzen gelegene Außen- und Binnenalster zusätzlich begünstigt ist.

Geschichte: Das spätestens nach 810 gegründete Kastell Hammaburg hat der Stadt ihren Namen gegeben. Die Altstadt geht bis ins 9. Jahrhundert zurück, als 834 das Bistum Hamburg entstand. Im 12. Jahrhundert kam auf Initiative der Schauenburger Grafen, der Landesherren in Holstein, die Neustadt hinzu. 1189 erhielt diese – nach späterer unsicherer Überlieferung – von Kaiser Friedrich Barbarossa Handels-, Zoll- und Schifffahrtsprivilegien auf der Niederelbe – die Geburtsstunde des Hamburger Hafens.

In der Städtegemeinschaft der Hanse erlangte Hamburg, das den Schauenburger Grafen landesherrliche Privilegien „abgekauft" hatte, im 14. Jahrhundert eine entscheidende Bedeutung im Nord- und Ostseehandel. Seit 1415 wurde es vom Kaiser, seit 1510 auch vom Reichstag als Reichsstadt beansprucht, erlangte die volle Anerkennung der Reichsunmittelbarkeit aber erst 1768.

Im Innern wurde Hamburg seit Ausgang des 12. Jahrhunderts vom Rat regiert, dem vor allem Mitglieder von Kaufmannsfamilien angehörten. Der Hauptrezess von 1712 bestätigte nach jahrhundertelangen Kämpfen das gemeinschaftliche Stadtregiment von Rat und Erbgesessener Bürgerschaft.

Nach dem Zwischenspiel der französischen Besatzung (1806–1814) trat die Stadt 1815 der Staatenkonföderation des Deutschen Bundes bei. 1867 wurde sie Mitglied des von Preußen beherrschten Norddeutschen Bundes und 1871 Glied des neu gegründeten Deutschen Reiches. Diese Beitritte erfolgten kaum freiwillig. Hamburg war vielmehr gezwungen, sich mit dem übermächtigen Preußen, das seit 1866 das zuvor dänische Altona sowie die Nachbarstadt Harburg mit ihren Konkurrenzhäfen kontrollierte, zu arrangieren. 1888 wurde der hamburgische Staat, der nach der Reichsgründung Zollausland geblieben war, deutsches Wirtschaftsgebiet, der Hafen blieb als „Freihafen" aber weiterhin Zollausland.

Nach der Novemberrevolution 1918 erhielt Hamburg eine demokratischere Verfassung. Die Stadt, die schon während der Kaiserzeit eine „rote Hochburg" war, wurde während der Weimarer Republik und nach dem Zweiten Weltkrieg fast durchgängig von Sozialdemokraten regiert. Während der nationalsozialistischen Herrschaft erreichte Hamburg die seit Jahrzehnten angestrebte Vereinigung mit den konkurrierenden Nachbargemeinden. 1937 wurden die preußischen Städte Altona, Harburg-Wilhelmsburg und Wandsbek sowie Randgemeinden dem Hamburger Stadtgebiet zugeschlagen, das damit seine heutige Gestalt erhielt.

Area: 755 square kilometres
Population: 1.7 million

Geography: The Free and Hanseatic City of Hamburg is on the Elbe. It is 120 kilometres upstream from the North Sea and can be reached even by large seagoing vessels. To this day the river, with picturesque Blankenese clinging to its hillside, impressive modern port facilities and the neo-Gothic Warehouse City free port area, is a hallmark of Hamburg; it also boasts a delightful city-centre lake, the Alster.

History: The city's name goes back to a fortress, Hammaburg, which was built in about 810. The Altstadt dates back to the ninth century, when in 834 Hamburg was set up as an episcopal see. In the twelfth century it was joined by the Neustadt, which was built on the initiative of the counts of Schauenburg, the lords of Holstein. In 1189, the Neustadt is said to have been granted trading, customs and shipping privileges on the Lower Elbe by Emperor Frederick Barbarossa. True or false, that marked the beginnings of the Port of Hamburg. In the fourteenth century Hamburg, having bought privileges of self-government from the counts of Schauenburg, became a key member of the Hanseatic League, with a leading role in North Sea and Baltic trade. From 1415 it was claimed by the Emperor, and from 1510 by the Reichstag as a Reichsstadt, but its status as a self-governing city within the empire wasn't fully acknowledged until 1768.

From the late twelfth century Hamburg was ruled by a council consisting mainly of members of merchant families. In 1712, after centuries of struggle, an agreement was signed confirming that the city would be governed jointly by a council and a House of Burgesses on which local property owners sat.

After the intermezzo of French occupation from 1806 to 1814, Hamburg joined the German Confederation in 1815. In 1867 it joined the Prussian-led North German Confederation and in 1871 became a member of the newly-founded German Empire. It can hardly be said to have done so voluntarily. Hamburg had no choice but to come to terms with all-powerful Prussia, which controlled neighbouring Altona, taken over from Denmark in 1866, and Harburg – and their respective, competing ports. In 1888 Hamburg joined the German economic area, having stayed separate from the Reich for customs purposes since 1871, but the free port retained customs-free status.

After the November 1918 uprising the city was given a more democratic constitution. It had been considered a Red stronghold in the Kaiser's days. During the Weimar Republic and after the Second World War it was ruled almost without exception by Social Democrats. During the Third Reich it was merged with its neighbours and rivals. In 1937, the Prussian cities of Altona, Harburg-Wilhelmsburg and Wandsbek were transferred to Hamburg, as were other adjacent communities, giving the city its present size and shape.

Superficie: 755 km²
Nombre d'habitants: 1,7 million

Géographie: La Ville libre et hanséatique de Hambourg est située au bord de l'Elbe, à 120 kilomètres de la Mer du Nord. Son port est accessible aux navires venus du monde entier. L'aspect de la ville est caractérisé par les collines de Blankenese surplombant l'Elbe, son port imposant et son quartier d'entrepôts néo-gothiques. Le cœur de la ville est constitué par un lac artificiel, l'Alster.

Histoire: La forteresse de Hammaburg, érigée après 810 au plus tard, donna son nom à la ville. L'évêché de Hambourg est fondé en 834. Au 12e siècle, les comtes de Schauenburg, gouverneurs du Holstein font construire la Ville neuve. Selon des sources historiques non authentifiées officiellement, celle-ci obtint, en 1189, de l'empereur Frédéric Ier Barberousse, certains privilèges en matière de commerce et de douane, lui permettant de s'adonner à la navigation maritime sur le cours inférieur de l'Elbe. Cela marque la naissance du port de Hambourg.

Au 14e siècle, son association avec les autres villes de la Hanse conféra à Hambourg – qui avait «acheté» aux comtes de Schauenburg, certains droits régaliens – une importance notoire pour ce qui est du commerce pratiqué avec les pays du Nord et de la Baltique. Dès 1415, elle fut déclarée ville impériale par l'empereur et, à partir de 1510, sollicitée en tant que telle par la Diète, mais elle n'obtint l'immédiateté impériale qu'en 1768.

Dès la fin du 12e siècle, Hambourg est gouverné par le Conseil, organe constitué en majeure partie de membres de familles de gros négociants de la ville. L'accord dit «Hauptrezess», signé en 1712, après des siècles de conflit, venait sceller la communauté de pouvoir désormais exercé par le Conseil et une Assemblée de citoyens de la ville, propriétaires de biens-fonds transmissibles par succession.

Après une courte occupation par les troupes françaises (1806–1814), la ville adhère à la Confédération germanique. En 1867, Hambourg devint membre de la Confédération de l'Allemagne du Nord, ligue dominée par la Prusse et, en 1871, partie intégrante de l'empire allemand, qui vient d'être créé. Ces rattachements sont acceptés de mauvaise grâce. Hambourg est en fait obligée de se plier à la volonté de la Prusse surpuissante qui, depuis 1866, contrôle Altona, auparavant province danoise ainsi que la ville voisine de Harburg, tous les deux ports concurrents. En 1888, l'Etat de Hambourg qui, après la fondation du Reich, avait conservé son statut d'exclave douanière, devint une région économique de l'Allemagne. Toutefois, le port demeura «territoire réputé étranger du point de vue douanier», en sa qualité de port franc.

Après la révolution de 1918, Hambourg se donne une constitution plus démocratique. La ville qui, durant l'Empire déjà, est une »forteresse rouge«, est gouvernée presque en permanence par les sociaux-démocrates. Durant la période nationale-socialiste, Hambourg parvient à se lier avec les communes voisines. En 1937, les communes d'Altona, Wilhelmsbourg, Harbourg et Wandsbek ainsi que quelques communes de la périphérie se rattachent à la ville de Hambourg, lui donnant sa physionomie actuelle.

Fläche: 21 115 km²
Einwohner: 6,1 Millionen
Hauptstadt: Wiesbaden (275 000 Einwohner)
Größere Städte: Frankfurt am Main (678 000 Einwohner), Kassel (194 000), Darmstadt (143 000), Offenbach (119 000)

Geografisches: Das heutige Hessen, im September 1945 aus Kurhessen und Nassau, Hessen-Starkenburg, Oberhessen und aus den östlich des Rheins gelegenen Teilen von Rheinhessen geformt, liegt in der Mitte der Bundesrepublik. Obwohl Hessen mit 5,9 Prozent der Gesamtfläche relativ klein ist, gehört es zu den wirtschaftsstärksten Ländern der Bundesrepublik. Gleichzeitig ist es das Land mit der größten Waldfläche. Wirtschaftlicher Schwerpunkt ist das Rhein-Main-Gebiet mit der Stadt Frankfurt, die sich zum maßgeblichen Bankenzentrum Kontinentaleuropas entwickelt hat, und dem Rhein-Main-Flughafen. Im Kontrast hierzu stehen die reizvollen Mittelgebirgslandschaften von Odenwald und Westerwald, das Nordhessische Bergland sowie Taunus und Rhön. Nur eine halbe Autostunde vom Ballungsgebiet Rhein-Main entfernt beginnt das Land der Wälder und Schlösser, der Burgen und Fachwerkhäuser, lockt mit dem Rheingau eines der berühmtesten Weinbaugebiete der Welt.

Geschichte: Die Ursprünge reichen bis ins 13. Jahrhundert zurück, doch erst unter dem Landgrafen Philipp dem Großmütigen (1504–1567) wurde das hessische Gebiet so weit ausgedehnt, dass es erstmals weitere Teile des heutigen Landes umfasste. Lediglich in dieser Zeit spielte Hessen innerhalb des Reichsgebiets eine größere Rolle, etwa in der Durchsetzung der Reformation. Nach dem Tode Philipps zerfiel die Landgrafschaft in die Teile Hessen-Kassel, Hessen-Marburg, Hessen-Rheinfels und Hessen-Darmstadt.

Nach der napoleonischen Zeit bildeten sich zu Anfang des 19. Jahrhunderts im Wesentlichen drei Schwerpunkte in Hessen heraus: das Kurfürstentum Hessen-Kassel, das Großherzogtum Hessen-Darmstadt und das Herzogtum Nassau. Die in der Frankfurter Paulskirche 1848 tagende Nationalversammlung, die eine liberale gesamtdeutsche Verfassung entwerfen und einen deutschen Nationalstaat schaffen wollte, war weitgehend erfolglos und von der hessischen Umgebung ohnehin losgelöst. Die Konstituierung des Deutschen Reiches 1871 unter preußischer Dominanz beeinflusste dagegen auch die Aufteilung der hessischen Gebiete: Nach dem Preußisch-Österreichischen Krieg 1866, in dem sich die hessischen Großterritorien aufseiten der Donaumonarchie engagiert hatten, fielen weite Gebiete Hessens an das siegreiche Preußen. Kurhessen, Nassau und Frankfurt wurden zur preußischen Provinz Hessen-Nassau zusammengefasst, wohingegen das Großherzogtum Hessen-Darmstadt zwar Gebietsverluste hinnehmen musste, aber seine Eigenständigkeit behielt. Auch während der Weimarer Republik blieb Hessen-Nassau Teil des Landes Preußen, während Hessen-Darmstadt 1919 in den Volksstaat Hessen mit parlamentarisch-demokratischer Verfassung überging.

Das Land Hessen in seiner heutigen Gestalt ist durch die Proklamation der amerikanischen Militärregierung vom 19. September 1945 gebildet worden. Seine demokratische Legitimation beruht auf der Verfassung vom 1. Dezember 1946.

Area: 21,115 square kilometres
Population: 6.1 million
Capital: Wiesbaden (population 275,000)
Principal cities: Frankfurt am Main (population 678,000), Kassel (194,000), Darmstadt (143,000), Offenbach (119,000)

Geography: Present-day Hesse, formed in September 1945 out of Kurhessen and Nassau, Hessen-Starkenburg, Upper Hesse and those parts of Rheinhessen to the east of the Rhine, lies in the centre of the Federal Republic. Although Hesse is one of the smallest states, covering only 5.9 per cent of the country's total area, it is economically one of the strongest in the Federal Republic. It is also the state with the largest area of forest and woodland. Its economic centre is the Rhine-Main area with the city of Frankfurt, which has developed into the leading banking centre in continental Europe, and its Rhine-Main airport. In contrast to this are the lovely Mittelgebirge country areas of the Odenwald and Westerwald, the North Hesse uplands, the Taunus and the Rhön. Only half an hour's drive from the Rhine-Main conurbation there are woods and castles, fortresses and half-timbered houses, not to mention the tempting Rheingau, one of the most famous wine-growing regions in the world.

History: Its origins date back into the thirteenth century, but the first time the Hesse region expanded far enough to cover further parts of the state of today was in the reign of Duke Philip the Generous (1504–1567). This was the only time Hesse played a role of greater importance in the Reich, in connection with the success of the reformation. After the death of Philip, the duchy split up into the regions of Hessen-Kassel, Hessen-Marburg, Hessen-Rheinfels and Hessen-Darmstadt. After the Napoleonic age three regions of greater import developed in Hesse in the early nineteenth century: the electorate of Hessen-Kassel, the grand duchy of Hessen-Darmstadt, and the duchy of Nassau. The national assembly, which constituted itself in 1848 in the Paulskirche in Frankfurt with the aim of making a rough draft of a liberal constitution for a German nation state, was generally unsuccessful and had little to do with surrounding Hesse. The coming of the German Reich under Prussian predominance, which constituted itself instead in 1871, influenced the further divisions of Hesse. During the Austro-Prussian War of 1866, the greater territories of Hesse had supported the Danube monarchy. After the war Hesse thus lost large regions to the victorious Prussians. Whereas the electorate of Kurhessen, Nassau and Frankfurt were collectively reduced to the status of a Prussian province, Hessen-Nassau, the grand duchy of Hessen-Darmstadt was allowed to retain its independence in spite of some minor territorial losses. During the Weimar Republic, Hessen-Nassau remained part of Prussia while Hessen-Darmstadt joined the "Volksstaat" Hesse, a state with a parliamentary democracy, in 1919.

The state of Hesse in its present-day form was established by proclamation of the American military government on 19 September 1945. It was democratically legitimised by the constitution of 1 December 1946.

Superficie: 21 115 km²
Nombre d'habitants: 6,1 millions
Capitale: Wiesbaden (275 000 habitants)
Villes principales: Francfort-sur-le-Main (678 000 habitants), Kassel (194 000), Darmstadt (143 000), Offenbach (119 000)

Géographie: La Hesse d'aujourd'hui, née, en septembre 1945, de l'association de Kurhessen, de Nassau, de Hessen-Starkenburg, d'Oberhessen et des territoires de Rheinhessen situés à l'est du Rhin, s'étend au cœur de la République fédérale. Bien que la Hesse soit relativement petite – elle n'occupe que 5,9% du territoire allemand –, elle fait partie des Länder économiquement les plus puissants. C'est également la province possédant la plus vaste surface boisée. Le pôle économique prédominant est constitué par la région du Rhin et du Main, où se trouvent Francfort, devenu la plus importante place financière sur le continent européen, et l'aéroport Rhin/Main.
En opposition à cet aspect de sa physionomie: le charme de l'Odenwald et du Westerwald, des régions du nord de la Hesse appartenant à la chaine montagneuse du Mittelgebirge, ainsi que du Taunus et du Rhön. C'est à une heure seulement, en voiture, de l'agglomeration urbaine du Rhin et du Main que commence le pays des forêts et des châteaux, des forteresses médiévales, des maisons à colombages et que le Rheingau, l'une des régions viticoles les plus célèbres au monde, attend le visiteur.

Histoire: Les origines de la Hesse remontent au 13e siècle. Mais ce n'est que sous la domination du landgrave Philippe le Hardi (1504–1567) que la Hesse se développe de sorte qu'elle réunit pour la première fois des régions appartenant au Land d'aujourd'hui. À cette époque seulement, la Hesse joue un rôle important au sein de l'Empire en y imposant la réforme. Après la mort de Philippe, le landgraviat est divisé en Etats tels que Hessen-Kassel, Hessen-Marbourg, Hessen-Rheinfels et Hessen-Darmstadt.

Au début du 19e siècle, après l'époque napoléonienne, la Hesse compte trois centres importants, à savoir l'Electorat Hessen-Kassel, le Grand-Duché de Hessen-Darmstadt et le Duché de Nassau. L'Assemblée nationale, qui tient en 1848 ses assises dans l'Eglise St-Paul à Francfort afin de créer une constitution libérale pour l'ensemble de l'Allemagne et un Etat national allemand, n'obtient aucun succès et reste détachée de la Hesse. La constitution de l'Empire allemand, en 1871 sous domination prussienne, influence par contre la répartition des régions de la Hesse. À la suite de la guerre austro-prussienne en 1866, durant laquelle les princes hessois s'étaient engagés en faveur de la monarchie danubienne de grands territoires de la Hesse reviennent à la Prusse victorieuse. Kurhessen, Nassau et Francfort sont réunis en une province, le Hessen-Nassau, alors que le Grand-Duché de Hessen-Darmstadt perd des terres mais conserve cependant son indépendence. Durant l'époque de la Republique de Weimar, la partie Hessen-Nassau reste aussi une partie de la Prusse alors que Hessen-Darmstadt passe en 1919 à l'Etat populaire de Hesse avec une constitution démocratique parlementaire.

La proclamation du gouvernement militaire américain, faite le 19 septembre 1945, donna naissance à la Hesse. Sa légitimation démocratique repose sur la constitution du 1er décembre 1946.

Fläche: 23 190 km²
Einwohner: 1,7 Millionen
Hauptstadt: Schwerin (96 000 Einwohner)
Größere Städte: Rostock (201 000 Einwohner), Neubrandenburg (66 000), Stralsund (58 000), Greifswald (54 000)

Geografisches: Mit 72 Einwohnern pro Quadratkilometer ist Mecklenburg-Vorpommern das am dünnsten besiedelte Land. Es besitzt mit der zergliederten Ostseeküste und der Seenplatte reizvolle Erholungslandschaften. Die Städte erhalten durch die vielen noch erhaltenen Backsteingotik-Bauten ihr reizvolles Gepräge.

Geschichte: Mecklenburg hat seinen Namen vermutlich von der Mikilinborg, der „großen Burg", erhalten, in der der Slawenfürst Niklot im 12. Jahrhundert residierte. Sein Sohn Pribislaw war es, der sich 1167 mit dem Sachsenherzog Heinrich dem Löwen versöhnte und zum Stammvater des mecklenburgischen Herrscherhauses wurde, das bis 1918 – allerdings durch Erbteilung zersplittert – das Land regierte.

Bei Heinrichs Einzug hatte die deutsche Ostkolonisation in dem seit dem 7. Jahrhundert von slawischen Stämmen besiedelten Gebiet schon begonnen, allerdings auch im Jahr 983 durch den Slawenaufstand einen schweren Rückschlag erlitten. Im 13. Jahrhundert kam es zu vielen Stadtgründungen, und im 14. Jahrhundert erlebten die Ostseestädte, die dem „wendischen Quartier" der Hanse angehörten, eine Blütezeit. Für die mecklenburgische Geschichte stellt das Ende des Dreißigjährigen Krieges 1648 einen Einschnitt dar: Schweden annektierte für Jahrzehnte fast die gesamte Küstenregion.

Ab 1701 gab es nur noch zwei mecklenburgische Fürstentümer: Mecklenburg-Schwerin und Mecklenburg-Strelitz. Die Region war zu diesem Zeitpunkt aber schon in ihrer Entwicklung zurückgeblieben, nicht zuletzt deshalb, weil die Herzöge sich, von Erbauseinandersetzungen geschwächt, gegen die Landstände nicht durchsetzen konnten. Ab dem 16. Jahrhundert hatte sich die Ritterschaft das Recht herausgenommen, von Bauern zur Pacht überlassenes Land zurückzufordern, und länger als anderswo – bis 1820 – bestand hier die Leibeigenschaft. Eine Verfassung erhielt Mecklenburg erst nach dem Ende der Fürstenherrschaft 1918. Zuvor hatten etwa 1000 Mecklenburger – nicht gewählte Vertreter der Ritterschaft, die Bürgermeister der Städte und die Herzöge, die fast die Hälfte des Gebiets als Domanium direkt verwalteten – über die Geschicke des Landes bestimmt.

Nach dem Zwischenspiel einer parlamentarischen Demokratie erhielten die Nationalsozialisten bei den Landtagswahlen 1932 knapp die absolute Mehrheit und bildeten noch vor der Machtübernahme Hitlers im Reich die Landesregierung. Nach 1945 gehörte Mecklenburg zur sowjetischen Besatzungszone, später zur DDR, in der das Land jedoch nur bis zur Gebietsreform 1952 Bestand hatte. 1990 wurde Mecklenburg im Verbund mit Vorpommern als Land wiederhergestellt. Vorpommern, der westlich der Oder gelegene kleinere Teil Pommerns, spiegelt weitgehend die historische Entwicklung ganz Pommerns wider. Im 18. Jahrhundert kam der südliche Teil Vorpommerns mit ganz Hinterpommern zu Preußen, erst nach dem Ende der Napoleonischen Kriege 1815 erhielt Preußen den nördlichen Teil einschließlich Rügens dazu.

Area: 23,190 square kilometres
Population: 1.7 million
Capital: Schwerin (population 96,000)
Principal cities: Rostock (population 201,000), Neubrandenburg (66,000), Stralsund (58,000), Greifswald (54,000)

Geography: With 72 inhabitants per square kilometre, Mecklenburg-West Pomerania is the state with the lowest population density. With its indented Baltic coast and the plateau of lakes, it offers lovely recreational areas. The cities are characterized by their Gothic redbrick buildings.

History: Mecklenburg probably derives its name from the Mikilinburg, the great castle, in which Niklot, prince of Slavs, resided in the twelfth century. It was his son Pribislav who made peace with the Saxon duke Henry the Lion in 1167 and who was to become the progenitor of the dynasty of rulers of Mecklenburg, which – though divided through inheritance – ruled the state until 1918.

When Henry arrived on the scene German colonisation of the East, where Slavonic tribes had settled since the seventh century, was well under way despite the setback of a Slav uprising in 983. Many cities were founded in the thirteenth century, and in the fourteenth century, the cities of the Baltic coast region which belonged to the "Wendish quarter" of the Hanseatic League experienced a period of prosperity. The end of the Thirty Years' War in 1648 represents an incision in the history of Mecklenburg: for decades the coastal region was almost completely annexed by the Swedes.

In 1701, only two duchies had survived in Mecklenburg: Mecklenburg-Schwerin and Mecklenburg-Strelitz. But at this point, the region was already behind the general standard of development, one cause of which was that the dukes, weakened by hereditary struggles, were unable to enforce their position against the landed gentry. Commencing with the sixteenth century, the knights took the liberty of reclaiming land which had been leased to the peasants, and here serfdom existed longer than elsewhere in the area – until 1820. At last, in 1918, Mecklenburg was endowed with a constitution after the sovereignty of the dukes had come to an end. Before, about a thousand citizens of Mecklenburg, consisting of non-elected knights, burgomasters of the cities, and the dukes, who administered almost half of the region as their dominions, had the say in their state.

Following a short period of parliamentary democracy, the National Socialists were elected with an almost absolute majority in 1932 and thus constituted the state government even before Hitler's seizure of power in the Reich. After 1945, it belonged to the Soviet occupied zone, later to the GDR, but as a state it existed only until 1952. In 1990, Mecklenburg in conjunction with West Pomerania was re-established as a state.

West Pomerania, which is the smaller part of Pomerania to the west of the Oder, largely reflects the history of Pomerania as a whole. In the eighteenth century, the southern part of West Pomerania and the whole of East Pomerania were ceded to Prussia, and only after the end of the Napoleonic wars in 1815 did Prussia acquire the northern part including Rügen.

Superficie: 23 190 km²
Nombre d'habitants: 1,7 million
Capitale: Schwerin (96 000 habitants)
Villes principales: Rostock (201 000 habitants), Neubrandebourg (66 000), Stralsund (58 000), Greifswald (54 000)

Géographie: Son chiffre de 72 habitants par kilomètre carré fait du Land de Mecklembourg-Poméranie occidentale le moins peuplé de tous les Etats allemands. Avec ses plages longeant la Baltique et ses régions de lacs, il possède des lieux de villégiature charmants. Les villes sont caractérisées par leurs édifices gothiques en briques.

Histoire: On suppose que le nom de Mecklembourg a pour origine «Mikilinborg», la «grande forteresse» dans laquelle résidait le prince slave Niklot au 12e siècle. Son fils Pribislaw se réconcilia en 1167 avec le Duc de Saxe, «Henri le Lion» et devint père de la lignée qui – divisée à la suite de partages d'héritages – régna sur le Mecklembourg jusqu'en 1918.

La colonisation allemande des pays de l'Est, habités par des tribus slaves depuis le 7e siècle, avait déjà commencé quand «Henri le Lion» fit son entrée, mais elle essuya pourtant de cruels revers en 983 lors du soulèvement des Slaves. Le 13e siècle est marqué par la fondation d'un grand nombre de villes et au 14e siècle, les villes des Wendes sur les bords de la Baltique, qui font également partie de la Hanse, sont très florissantes. En 1648, la fin de la Guerre de Trente Ans représente une coupure dans l'histoire du Mecklembourg puisque la Suède annexe presque toute la région côtière pendant plusieurs décennies.

En 1701, il n'existe plus que deux duchés dans le Mecklembourg, à savoir Mecklembourg-Schwerin et Mecklembourg-Strelitz. À cette époque, l'évolution du pays a déjà souffert d'un certain retard dû en partie au fait que les ducs, affaiblis par leurs querelles d'héritage, ne réussissent pas à s'affirmer face aux autorités du Land. Dès le 16e siècle, les chevaliers s'arrogent le droit de reprendre les terres affermées aux paysans et bien plus longtemps qu'ailleurs, c'est-à-dire jusqu'en 1820, le droit de servage subsiste toujours. Mecklembourg n'a droit à une constitution qu'en 1918, soit à la fin de la domination des princes. Auparavant, le destin du pays était aux mains d'environ 1000 citoyens du Mecklembourg, représentants non élus de la Chevalerie, des bourgmestres des villes et des ducs, qui administrent directement presque la moitié du pays en tant que domaine.

Après l'intermède d'une démocratie parlementaire, les nationaux-socialistes obtiennent de justesse lors des élections à l'Assemblée en 1932 une majorité absolue et constituent le gouvernement peu avant la prise du pouvoir par Hitler au sein du Reich. Après 1945, le Mecklembourg fait partie de la zone d'occupation soviétique d'Allemagne. Il n'existe cependant en tant que Land que jusqu'en 1952, date de la réforme territoriale. Réuni à la Poméranie occidentale, le Mecklembourg redevient un Land en 1990.

La Poméranie occidentale, petite partie de la Poméranie située à l'Ouest de l'Oder, reflète largement l'évolution de l'ensemble de la Poméranie. Au 18ème siècle, le sud de la Poméranie occidentale revient avec tout l'arrière-pays de la Poméranie à la Prusse. Ce n'est qu'à la fin de l'ère napoléonienne, en 1815, que le nord de cette région comprenant également Rügen, revient aussi à la Prusse.

Fläche: 47 624 km²
Einwohner: 7,9 Millionen
Hauptstadt: Hannover (519 000 Einwohner)
Größere Städte: Braunschweig (246 000 Einwohner), Osnabrück
(163 000), Oldenburg (160 000), Göttingen (121 000)

Geografisches: Sonnenstrände und Skigebiete, Hochseeklima und Märchenflüsse, das alles zugleich bietet Niedersachsen. Es reicht von der Nordsee über die Lüneburger Heide und das Weserbergland bis zum Harz und liegt dort, wo die großen Nord-Süd- und West-Ost-Verkehrsachsen sich kreuzen: in der Mitte des neuen Europa. Das dünn besiedelte Land lässt der Natur viel Raum: 20 Prozent seiner Fläche sind als Naturparks geschützt.
Geschichte: Die niedersächsische Freiheit sei der Ausgangspunkt aller modernen Freiheitsbestrebungen in Europa, schrieb der Osnabrücker Publizist Justus Möser vor 200 Jahren. Schon im ersten Jahrtausend schufen die Sachsen hier den „Allthing", die erste Form von Demokratie auf deutschem Boden. Ihr Rechtssystem – aufgezeichnet im „Sachsenspiegel" – wurde bis nach Russland und Polen übernommen und blieb in Teilen Deutschlands bis ins Jahr 1900 gültig.
Das Sachsenreich, das von Westfalen und den Niederlanden bis an die Ostsee reichte, war kurzlebiger: Von Heinrich dem Löwen in blutigen Kreuzzügen weit nach Süden und Osten ausgedehnt, wurde es im Jahre 1180 von den deutschen Fürsten zerschlagen. Allein das heutige Niedersachsen wurde an 40 verschiedene Herrscher verteilt; der Name Sachsen wanderte danach ostwärts ins heutige Sachsen.
Erst 500 Jahre später machte die Region wieder europäische Geschichte, als Hannovers Kurfürst im Jahre 1714 Könige von England wurden. Als die „Personalunion" 123 Jahre später endete, bestanden auf niedersächsischem Gebiet nur noch vier Staaten: Braunschweig, Hannover, Oldenburg und Schaumburg-Lippe. Sie wurden später Länder des Deutschen Reiches und bildeten 1946 zusammen das Land Niedersachsen, das damit zum ersten Mal als territoriale Einheit existierte: Das zweitgrößte Land, in dem man heute das größte Automobilwerk Europas und die größten Industriemessen der Welt findet. Und 13 Universitäten, deren ehrwürdigste in Göttingen in den 1920er Jahren mit einem Dutzend Nobelpreisträgern als „Nabel der mathematischen Welt" galt. Ihre Freiheit ließen sich die Niedersachsen nie nehmen: Die deutsche Nationalhymne schrieb August Heinrich Hoffmann von Fallersleben, Helene Lange aus Oldenburg war um 1900 die Wortführerin der deutschen Frauenbewegung, Wilhelmshavener Matrosen läuteten 1918 mit ihrer Meuterei die Novemberrevolution ein. Quer denken und geradeaus handeln – diese Tradition zieht sich durch Niedersachsens Geschichte von Till Eulenspiegel über Gottfried Wilhelm Leibniz bis zu Hermann Löns, dem Urvater des Umweltschutzes, und ist mit Hannovers Rockgruppe „Scorpions" noch nicht zu Ende.

Area: 47,624 square kilometres
Population: 7.9 million
Capital: Hanover (population 519,000)
Principal cities: Brunswick (population 246,000), Osnabrück
(163,000), Oldenburg (160,000), Göttingen (121,000)

Geography: Lower Saxony is a combination of sunny beaches and skiing resorts, maritime climate and fairy-tale rivers. It stretches from the North Sea across the Lüneburg Heath and the Weserbergland to the Harz Mountains and is situated where the great north-south and east-west traffic routes cross: in other words, at the very centre of the new Europe. The sparsely populated state leaves plenty of room to nature: 20 per cent of its area consists of protected nature reserves.
History: 200 years ago the Osnabrück writer Justus Möser wrote that the freedom of Lower Saxony was the starting point for all modern freedom struggles in Europe. Here in the first millennium AD the Saxons had already set up their "Allthing," the first form of democracy on German soil. Their system of justice, laid down in the "Sachsenspiegel," was adopted as far afield as Russia and Poland and was still in force in some parts of Germany as late as 1900.
However, the Saxon Reich, stretching from Westphalia and the Netherlands as far as the Baltic, was short-lived. Henry the Lion, in a series of bloody crusades, extended its territories far to the south and east, but in 1180 it was crushed by the German princes. Present-day Lower Saxony alone was divided up between forty different rulers, after which the name "Saxony" itself shifted eastwards to present-day Saxony.
It was not until 500 years later that the region once again made European history when in 1714 the Elector of Hanover became King of England. When this situation came to an end 123 years later, there were only four states left in Lower Saxony: Brunswick, Hanover, Oldenburg and Schaumburg-Lippe. Later they became states within the German Reich and in 1946 they joined together to form the state of Lower Saxony. It was the first time it had existed as a territorial entity. It is the second-largest German state and has the biggest automobile works in Europe and the world's largest trade fairs, not to mention thirteen universities. In the 1920s the most distinguished of these, Göttingen, was home to no less than a dozen Nobel laureates and became known as the "navel of the mathematical world."
The Lower Saxons never let themselves be robbed of their freedom: the German national anthem was written by August Heinrich Hoffmann von Fallersleben, while around 1900 Helene Lange from Oldenburg was the leader of the German women's movement and in 1918 the Wilhelmshaven sailors'mutiny heralded the November revolution. The tradition of rebellious thinking and straightforward action runs through the whole of Lower Saxon history, from Till Eulenspiegel to Gottfried Wilhelm Leibniz and Hermann Löns, the forefather of environmentalism. The Hanover rock group The Scorpions are making sure it continues.

Superficie: 47 624 km²
Nombre d'habitants: 7,9 millions
Capitale: Hanovre (519 000 habitants)
Villes principales: Brunswick (246 000 habitants), Osnabruck
(163 000), Oldenbourg (160 000), Göttingen (121 000)

Géographie: Plages ensoleillées et stations de ski, climat maritime et fleuves légendaires: la Basse-Saxe offre tout à la fois. Elle va de la Mer du Nord jusqu'aux montagnes du Harz, englobe les Landes de Lunebourg et le Weserbergland et se trouve à l'intersection des grands axes de circulation nord-sud et est-ouest: au cœur même de la nouvelle Europe. Ce pays à faible densité de population laisse à la nature une place de choix: 20 pour cent de sa superficie ont été déclarés sites naturels protégés.
Histoire: La liberté qu'obtint la Basse-Saxe fut le point de départ de toutes les aspirations libératrices des temps modernes en Europe, écrivait Justus Möser, publiciste originaire d'Osnabruck, il y a 200 ans. Dès le 1er millénaire de notre ère, les Saxons y établirent le «Allthing», qui est la première forme de démocratie étant apparue sur le sol allemand. Leur système juridique, codifié dans le «Sachsenspiegel», fut repris même en Russie et en Pologne et fit autorité dans certaines parties de l'Allemagne jusqu'en 1900. Le royaume de Saxe, qui s'étendait de la Westphalie et des Pays-Bas jusqu'à la mer Baltique fut de courte durée: arrondi par Henri Le Lion, dans la foulée de sanglantes croisades, et s'étendant loin vers le sud et l'est, il fut demantelé en 1180 par les princes allemands. La Basse-Saxe dans sa configuration actuelle fut divisée et attribuée à plus de 40 souverains différents. Le nom de Saxe émigra vers l'est, là où se trouve la Saxe aujourd'hui.
Ce n'est que 500 ans plus tard que cette région fit de nouveau son entrée dans l'histoire européenne lorsque le prince de Hanovre devint roi d'Angleterre, en 1714. Et, quand l'«Union personnelle» prit fin 123 ans plus tard, il n'existait plus que quatre Etats sur le territoire de la Basse-Saxe: Brunswick, Hanovre, Oldenbourg et Schaumburg-Lippe. Ceux-ci furent par la suite, intégrés à l'empire allemand et leur réunion, en 1946, en fit le Land de Basse-Saxe, qui, pour la première fois dans son histoire constituait une entité territoriale: le deuxième Land de la République fédérale pour ce qui est des dimensions, celui où se trouve la plus grande usine de construction automobile d'Europe et où ont lieu les plus grandes foires industrielles du monde, sans oublier ses treize universités, dont la doyenne, Göttingen, a vu sortir, dans les années vingt, plus d'une douzaine de prix Nobel. Les habitants de la Basse-Saxe ont toujours eu à cœur de défendre leurs libertés: August Heinrich Hoffmann von Fallersleben ecrivit l'hymne national allemand. Hélène Lange, originaire d'Oldenbourg, se fit le porte-parole du mouvement féministe allemand à la fin du 19e siècle, les soldats de l'infanterie de marine du port de Wilhelmshaven déclenchèrent, par leur mutinerie, la Révolution de Novembre, en 1918. «Penser de travers mais agir droitement», cette tradition se retrouve à toutes les époques de l'histoire de la Basse-Saxe, chez Till Eulenspiegel, mais aussi chez Gottfried Wilhelm Leibniz, ainsi que chez Hermann Löns, l'ancêtre de la protection de l'environnement, et chez les «Scorpions», un groupe de musique rock de Hanovre.

Fläche: 34 088 km²
Einwohner: 18 Millionen
Hauptstadt: Düsseldorf (584 000 Einwohner)
Größere Städte: Köln (994 000 Einwohner), Essen (578 000), Dortmund (582 000), Duisburg (493 000), Münster (274 000)

Geografisches: Nordrhein-Westfalen, im Westen der Bundes-republik gelegen und an die Niederlande sowie Belgien gren-zend, ist das bevölkerungsreichste Land. Kernzone der rhei-nisch-westfälischen Industrielandschaft ist das Ruhrgebiet, der größte industrielle Ballungsraum Europas. Nordöstlich er-streckt sich bis zum Teutoburger Wald die Münsterländer Bucht, in der, wie in den angrenzenden Landschaften, Agrar-produktion das Bild bestimmt.

Geschichte: Mit der „operation marriage" (Operation Hochzeit) fügten die britischen Besatzungsbehörden 1946 die ehemali-gen preußischen Provinzen Westfalen und Rheinland (in sei-nen nördlichen Teilen), die bis dahin unterschiedliche Ent-wicklungen genommen hatten, zum Land Nordrhein-West-falen zusammen. 1947 kam Lippe hinzu. Westfalen war im Mittelalter und der frühen Neuzeit in Kleinstaaten zersplittert. Unter französischer Herrschaft gab es in den Jahren 1807 bis 1813 ein Königreich Westfalen mit Napoleons Bruder Jérôme als Monarchen. Nach 1815 fiel das gegenwärtige Westfalen dann an Preußen.

Als Rheinlande werden die deutschen Gebiete zu beiden Sei-ten des Mittel- und Niederrheins bezeichnet, deren südlicher Teil nach dem Zweiten Weltkrieg an Rheinland-Pfalz fiel. In der heute zu Nordrhein-Westfalen gehörenden Region ent-standen im Mittelalter mehrere kleinere Territorien sowie das Kurfürstentum Köln. Ab 1614 fielen Teile des Rheinlandes an Brandenburg bzw. Preußen, das 1815 die Rheinprovinz erhielt. Das Ruhrgebiet – teils zum Rheinland, teils zu Westfalen ge-hörig – nahm seinen Aufschwung ab Mitte des 19. Jahrhun-derts. Heute gilt die einst fast ausschließlich vom Bergbau und der Stahlindustrie geprägte Region als Musterbeispiel des erfolgreichen Strukturwandels, der seit Ende der 1970er Jahre die wirtschaftliche Entwicklung des Landes prägt: Chemie und Maschinenbau haben die traditionellen Standortfaktoren Stahl, Kohle und Textilgewerbe in ihrer Bedeutung abgelöst. In den 1990er Jahren ist Nordrhein-Westfalen zu einer der stärksten Medien- und Kommunikationsregionen Europas ge-worden. Die umgesetzte Vision vom „Blauen Himmel über der Ruhr" hat das alte Image des „Kohlenpotts" erfolgreich verdrängt. Mit einem engmaschigen Netz von 59 Hochschu-len und über 100 außeruniversitären Forschungseinrichtun-gen zählt die Forschungslandschaft Nordrhein-Westfalens heute zu den dichtesten und vielfältigsten der Welt. Dieser Ruf gebührt auch dem „Kulturland NRW", wovon jüngst die Vereinten Nationen in einem Vergleich der internationalen bedeutenden Kulturmetropolen Zeugnis abgelegt haben.

Area: 34,088 square kilometres
Population: 18 million
Capital: Düsseldorf (population 584,000)
Principal cities: Cologne (population 994,000), Essen (578,000), Dortmund (582,000), Duisburg (493,000), Münster (274,000)

Geography: North Rhine-Westphalia, situated in the west of the Federal Republic of Germany and bordering the Netherlands as well as Belgium, is the most heavily populated state. The core of the Rhenish-Westphalian industrial area is the Ruhr region, featuring the greatest industrial concentration in Europe. The Münsterland basin stretches out into the north-east up to the Teutoburger Wald and is, like the neighbouring areas, of rural-agrarian character.

History: In 1946, the British occupation administration merged the former Prussian provinces of Westphalia and (the northern parts of) the Rhineland to form the state of North Rhine-Westphalia, even though both had previously under-gone different historical developments. This was "Operation Marriage." In 1947, Lippe was added. In the Middle Ages and in the early modern era, Westphalia had been split up into a series of minor states. During French rule in the years 1807–1813, a kingdom of Westphalia existed, with Napoleon's brother Jérôme as monarch. After 1815 present-day Westphalia was ceded to Prussia.

The Rhineland is the German region on both sides of the Middle and Lower Rhine, the southern part of which fell to the Rhineland-Palatinate after the Second World War. In the part nowadays belonging to North Rhine-Westphalia, several smaller territories as well as the Electorate of Cologne had come into being during the Middle Ages. Commencing in 1614, parts of the Rhineland fell to Brandenburg, respectively Prussia, which was awarded the whole region in 1815.

The Ruhr, located partly in the Rhineland and partly in West-phalia, began to prosper from the middle of the nineteenth century. Once characterized almost entirely by mining and the steel industry, the region now serves as a model of successful structural change. It is this change which has shaped econo-mic development since the end of the 1970s. Chemicals and engineering have taken over from traditional steel, coal and textiles. In the 1990s, North Rhine-Westphalia became one of the largest media and communications regions of Europe. The old image of coalfields has given way to the opposite: a vision of "blue skies over the Ruhr." Research and development have also made a vital contribution to the state's success in building an economic structure which provides security for the future. With a close-knit network of 59 universities and colleges of higher education and more than 100 non-university research institutions, North Rhine-Westphalia has one of the most con-centrated and varied research scenes in the world. It has earned the same reputation in the arts and was recently singled out by the United Nations in a comparison of inter-national cultural centres.

Superficie: 34 088 km²
Nombre d'habitants: 18 millions
Capitale: Düsseldorf (584 000 habitants)
Villes principales: Cologne (994 000 habitants), Essen (578 000), Dortmund (582 000), Duisbourg (493 000), Munster (274 000)

Géographie: Située à l'ouest de la République fédérale et aux frontieres de la Belgique et des Pays-Bas, la Rhénanie du Nord-Westphalie est le Land le plus peuplé d'Allemagne. La région de la Ruhr, son cœur industriel, est la zone présentant la plus grande densité industrielle en Europe. Au nord-est, la baie de Munsterland s'étend jusque vers la Forêt de Teuto-bourg et reste, comme les pays limitrophes, une région agri-cole.

Histoire: En 1946, les responsables de l'occupation anglaise réu-nissent au cours d'une «operation marriage» les anciennes pro-vinces prussiennes de Westphalie et de Rhénanie (à savoir la partie nord) en un Land baptisé Rhénanie du Nord-Westphalie, deux régions ayant suivi jusque là des évolutions bien diffé-rentes et auxquelles Lippe est annexée en 1947. Au Moyen-Age et au début des temps modernes, la Westphalie est morcelée en petits Etats. Sous la domination française, c'est-à-dire entre 1807 et 1813, il existe même un royaume de Westphalie dont le monarque, Jérôme, est un frère de Napoléon. La Westphalie devient prussienne à partir de 1815.

On entend par pays rhénans les régions situées sur les deux côtés du fleuve, en amont de celui-ci et au centre de l'Alle-magne dont la partie sud fut attribuée à la Rhénanie-Palatinat après la Seconde Guerre Mondiale. Dans cette région faisant aujourd'hui partie de la Rhénanie du Nord-Westphalie, plu-sieurs petits territoires ainsi que l'Electorat de Cologne virent le jour au Moyen-Age. En 1614, certaines régions rhénanes re-viennent au Brandebourg, c'est-à-dire à la Prusse qui domi-nera toute la Rhénanie dès 1815.

Le Bassin de la Ruhr, qui fait partie tant de la Rhénanie que de la Westphalie, prit son essor au milieu de 19e siècle. Cette ré-gion, que l'industrie minière et la sidérurgie ont profondé-ment marqué de leur empreinte, passe aujourd'hui, pour être un modèle de reconversion structurelle menée à bonne fin. La chimie et la construction mécanique sont venues remplacer les industries traditionnellement localisées dans cette région, telles que celles de l'acier, du charbon et du textile et y jouent, désormais, un rôle aussi important que ces dernières, dans le passé. Dans les années 1990, la Rhénanie du Nord-Westphalie est devenue l'une des régions d'Europe les plus performantes dans le domaine des médias et de la communication. La réali-sation de l'objectif «Ciel bleu au-dessus de la Ruhr» a fait recu-ler l'image négative s'attachant à ce bassin houiller. Disposant d'un réseau complexe de 59 universités et écoles supérieures ainsi que de plus de 100 instituts de recherche parauniversi-taires, la Rhénanie du Nord-Westphalie est la région présen-tant la densité et la diversification la plus élevée en matière de recherche. Sa réputation lui vient aussi de ce qu'elle est une «terre de culture» ainsi qu'en témoigne le titre qui vient de lui être conféré par les Nations-Unies dans une comparaison in-ternationale des métropoles culturelles les plus importantes au monde.

Fläche: 19 853 km²
Einwohner: 4 Millionen
Hauptstadt: Mainz (199 000 Einwohner)
Größere Städte: Ludwigshafen (168 000 Einwohner), Koblenz (107 000), Kaiserslautern (103 000), Trier (105 000)

Geografisches: In Rheinland-Pfalz, das gemeinsame Grenzen mit Frankreich, Luxemburg und Belgien hat, liegt das Mittelrheintal mit seinen malerischen Burgruinen, das vielen als die deutsche Landschaft schlechthin gilt. Vor allem hier und entlang der Mosel erstrecken sich die Weinanbaugebiete, die das Land zur wichtigsten Winzerregion der Bundesrepublik machen. Viel besucht sind auch die alten Römerstädte Koblenz, Trier, Mainz und Worms sowie die vulkanische Eifel.
Geschichte: Rheinland-Pfalz wird vielfach als „Land aus der Retorte" bezeichnet. Es wurde 1946 von den Besatzungsmächten aus bayerischen, hessischen und preußischen Landesteilen gebildet, die nie zuvor zusammengehört hatten: aus der bis dahin zu Bayern gehörenden Pfalz, den preußischen Regierungsbezirken Koblenz und Trier, vier Kreisen der ehemals preußischen Provinz Hessen-Nassau und dem linksrheinischen Gebiet Hessens. Besonders weit zurückreichende politische, wirtschaftliche und kulturelle Traditionen haben die heute zu Rheinland-Pfalz gehörenden rheinländischen Gebiete, in denen bereits in der Römerzeit städtische Siedlungen entstanden. Trier war seit Beginn des 4. Jahrhunderts eine der Hauptstädte des Römischen Reiches. Während des Mittelalters lagen in dieser Region die beiden Kurfürstentümer Mainz und Trier.
Auch die Pfalz hatte seit der Goldenen Bulle (1356) eine Kurstimme. Zwar verfügten die Kurfürsten und Pfalzgrafen nicht über ein geschlossenes Territorium, sie waren aber über Jahrhunderte die in dieser Region vorherrschende Macht – daran änderte auch der vorübergehende Verlust von Land und Kur an Bayern nichts, denn im Westfälischen Frieden (1648) erhielten die Pfalzgrafen beides zurück. Erst 1714 machte Kurfürst Karl Philipp dem Gegensatz zu den bayerischen Wittelsbachern ein Ende, was jedoch zur Folge hatte, dass die Pfalz zum Nebenland Bayerns absank. Nach dem Wiener Kongress 1815 wurde aus der Pfalz der bayerische Rheinkreis gebildet (seit 1838 Rheinpfalz genannt), während das rheinhessische Gebiet um Mainz und Worms Hessen-Darmstadt zugeschlagen wurde und die Rheinlande als Rheinprovinz Preußen angegliedert wurden.
Da Rheinland-Pfalz 1946 aus Gebieten mit sehr unterschiedlichen historischen Bindungen zusammengefügt wurde, gab es anfangs verschiedene regionale Initiativen, sich anderen Ländern anzugliedern. Diese setzten sich jedoch nicht durch. Nicht nur wirtschaftlich nimmt das Land an Rhein und Mosel heute eine Spitzenposition ein. Ebenso stolz sind die Rheinland-Pfälzer auf ihr kulturelles Erbe. Der „Kultursommer Rheinland-Pfalz" lädt die Bürger in jedem Jahr zu rund 1600 Veranstaltungen ein und verbindet damit in unvergleichlicher Weise reizvolle Landschaft mit Musik, Tanz und Schauspiel. Die Stiftung Rheinland-Pfalz für Kultur ist die zweitgrößte Kulturstiftung eines Bundeslandes.

Area: 19,853 square kilometres
Population: 4 million
Capital: Mainz (population 199,000)
Principal cities: Ludwigshafen (population 168,000), Koblenz (107,000), Kaiserslautern (103,000), Trier (105,000)

Geography: In the Rhineland-Palatinate, bordering on France, Luxembourg and Belgium, the middle Rhine valley spreads out with its picturesque ruined castles which many consider as the incarnation of German landscapes. This region and the banks of the Moselle are full of vineyards, making them the most important wine-growing areas in the Federal Republic. The old Roman cities of Koblenz, Trier, Mainz, and Worms as well as the volcanic Eifel mountains are special attractions for visitors.
History: The Rhineland-Palatinate is often called an artificial state. In 1946, the occupying powers merged parts of Bavarian, Hessian and Prussian domains which had never belonged together before: these were the Palatinate, which had before belonged to Bavaria, the Prussian administrative regions of Koblenz and Trier, four regions of the former Prussian province of Hessen-Nassau, and the part of Hesse on the left bank of the Rhine. Especially far-reaching are the political, economic and cultural traditions of the Rhenish regions nowadays belonging to the Rhineland-Palatinate, in which the first urban settlements had come into being during the times of the Romans. Since the beginning of the fourth century Trier had been a capital city of the Roman Empire. During the Middle Ages, the two electorates of Mainz and Trier were situated in this region.
The Palatinate had been an electorate since the Golden Bull of 1356. Even though the electors and the palatinate dukes had no strictly bordered territories, they had the say in this region for several centuries – even the temporary loss of region and Electorate to the Bavarians did not change much, since the dukes palatinate regained their privileges in the Treaty of Westphalia of 1648. Finally, in 1714, Elector Karl Philipp put an end to the conflicts with the Bavarian Wittelsbachs, even though the Palatinate suffered under the diminished status of being secondary Bavarian territory. After the Congress of Vienna in 1815, the Palatinate became the Bavarian Rhenish region (named Rheinpfalz in 1838), while the Rheinhessen region around Mainz and Worms was given to Hessen-Darmstadt and the Rhinelands were ceded to Prussia as its Rhine province.
Because the Rhineland-Palatinate was formed in 1946 from regions with very different historical connections there were at first a number of regional movements demanding to join other states. However, these were unsuccessful. Nowadays the state on the Rhine and Moselle has taken a leading position, and not just economically. People from the region are equally proud of their cultural heritage. Each year the "Kultursommer Rheinland-Pfalz" (Rhineland-Palatinate Summer Arts Festival) stages around 1,600 events, providing an incomparable blend of delightful scenery and music, dance and theatre. The Stiftung Rheinland-Pfalz für Kultur (Rhineland-Palatinate Arts Foundation) is the second-largest arts foundation in any German federal state.

Superficie: 19 853 km²
Nombre d'habitants: 4 millions
Capitale: Mayence (199 000 habitants)
Villes principales: Ludwigshafen (168 000 habitants), Coblence (107 000), Kaiserslautern (103 000), Trèves (105 000)

Géographie: Le Land de Rhénanie-Palatinat, aux frontières communes avec la France, la Belgique et le Luxembourg, englobe la partie médiane de la Vallée du Rhin surmontée de ruines pittoresques de châteaux forts, et est considérée comme le paysage allemand par excellence. C'est surtout ici et le long de la Moselle que s'étendent les vignobles qui en font la région viticole la plus importante de l'Allemagne fédérale. Les anciennes cités romaines de Coblence, Trèves, Mayence et Worms ainsi que la contrée volcanique de l'Eifel sont des buts touristiques très prisés.
Histoire: Le Land de Rhénanie-Palatinat est souvent décrit comme une région créée «in vitro». En 1946 les autorités des puissances d'occupation réunissent les régions bavaroise, hessoise et prussienne, qui n'avaient auparavant rien de commun, pour former ce Land. Il comprend le Palatinat qui appartenait avant à la Bavière, les circonscriptions autrefois prussiennes de Coblence et de Trèves, quatre circonscriptions de l'ancienne province prussienne de Hessen-Nassau et la partie de la Hesse située sur la rive gauche du Rhin. Les régions rhénanes composant aujourd'hui la Rhénanie-Palatinat sont marquées par des traditions politiques, économiques et culturelles fort anciennes, datant de l'époque romaine qui y avait établi des colonies. Dès le début du 4e siècle, Trèves est une des capitales de l'Empire romain. Au Moyen-Age, les électorats de Mayence et de Trèves font partie de cette région.
Depuis le décret de la Bulle d'Or (1356), le Palatinat a également droit à une voix. Bien que les électeurs et les Palatins ne disposent pas d'un territoire limité, ce sont eux qui gouvernèrent la région pendant des siècles. L'annexion provisoire à la Bavière signifiant la perte de l'électorat et du pays n'y change pas grand-chose, puisque le Traité de Paix de Westphalie (1648) rend les deux tiers aux Palatins. L'Electeur Charles Philippe procède de manière contraire avec les Wittelsbach bavarois en 1714, ce qui a pour conséquence que le Palatinat est annexé à la Bavière. Après le congrès de Vienne, en 1815, le Palatinat devient circonscription rhénane de la Bavière (nommée Palatinat rhénan depuis 1838), alors que la région rhénane-hessoise entourant Mayence et Worms est attribuée à Hessen-Darmstadt et que les pays rhénans sont rattachés à la Prusse en tant que province rhénane. La Rhénanie-Palatinat ayant été modelée en 1946 à partir de régions aux attaches historiques les plus différentes, diverses initiatives régionales furent entreprises visant à intégrer ce pays à d'autres Länder de la Fédération. Mais toutes échouèrent. Cette province arrosée par le Rhin et la Moselle fait aujourd'hui partie du peloton de tête de l'ensemble des régions et cela non seulement au plan économique. Les Palatins de Rhénanie sont fiers de leur héritage culturel. L'«Eté culturel de Rhénanie» (Kultursommer Rheinland-Pfalz) invite, chaque année, les habitants à prendre part à ses 1600 manifestations, conjuguant ainsi admirablement les charmes du paysage à la musique, à la danse et au théâtre. La «Stiftung Rheinland-Pfalz für Kultur» est, au niveau fédéral, la deuxième fondation culturelle par rang d'importance.

Fläche: 2569 km²
Einwohner: 1,02 Millionen
Hauptstadt: Saarbrücken (176 000 Einwohner)
Größere Städte: Neunkirchen (48 000 Einwohner), Völklingen
(40 000), Homburg (44 000), St. Ingbert (37 000)

Geografisches: Das Saarland ist der kleinste deutsche Flächenstaat. Er grenzt an Frankreich und Luxemburg. Rund 30 Prozent des Landes sind mit Wald bedeckt, wobei sich die größten geschlossenen Waldgebiete im Mittelsaarländischen Waldland und im Schwarzwälder Hochwald, einem Teil des Hunsrücks, erstrecken. Die Wirtschaftszentren liegen im dicht besiedelten Saartal.

Geschichte: Vor der Industrialisierung im 19. Jahrhundert hatte das Saarland nur einen schwachen territorialen Kern in der Grafschaft (später Fürstentum) Saarbrücken, war aber ansonsten von benachbarten Herrschaften – Trier, Metz, Pfalz, Lothringen, später Frankreich – geprägt. Mit der Neuordnung Europas nach den Napoleonischen Kriegen fiel das Gebiet infolge des Wiener Kongresses 1815 vorwiegend an die preußische Rheinprovinz, zu geringeren Teilen an die Pfalz.
Mitte des 19. Jahrhunderts, als an der Saar die Kohleförderung und Eisenerzeugung einen gewaltigen Aufschwung nahmen, bildete sich hier ein einheitlicher Wirtschaftsraum heraus, der sich nach dem Deutsch-Französischen Krieg 1870/71 mit dem vom neu gegründeten Deutschen Reich annektierten benachbarten Lothringen verflocht. Das Saargebiet entstand als politische Einheit erst 1920 mit dem Inkrafttreten des Versailler Friedensvertrages. Nachdem französische Annexionsversuche 1918/19 am Widerstand Großbritanniens und der USA gescheitert waren, wurde das Gebiet für 15 Jahre der Verwaltung des Völkerbundes unterstellt. Frankreich erhielt die Kohlegruben, konnte das Land in sein Zollgebiet und später auch in seinen Wirtschaftsraum integrieren. Die 1935 durchgeführte Volksabstimmung, in der sich 90,8 Prozent für einen Anschluss an das Deutsche Reich aussprachen, war wegen der geänderten politischen Verhältnisse in Deutschland auch ein Votum für die nationalsozialistische Herrschaft.
Im Sommer 1945 strebte Frankreich erneut die Einbeziehung des Saarlandes in seinen Machtbereich an und wählte dafür, nachdem eine Eingliederung in den französischen Staatsverband wiederum auf die Ablehnung seiner Alliierten gestoßen war, die Form der Wirtschafts- und Währungsunion, die auch in der Präambel der saarländischen Verfassung vom 17. Dezember 1947 festgelegt wurde. Nachdem die Bevölkerung ein „Europäisches Saarstatut" am 23. Oktober 1955 mit 67,7 Prozent abgelehnt hatte, löste der Luxemburger Vertrag vom 27. Oktober 1956 das Saarproblem. Das Saarland wurde ab 1. Januar 1957 eigenes Land. Eine auf drei Jahre befristete Übergangszeit endete schon am 5. Juli 1959. Seitdem bemühen sich die Landesregierungen, den Modernisierungsrückstand in Industrie- und Verkehrseinrichtungen aufzuholen und die sich aus der Kohle- und Stahlkrise ergebenden Notwendigkeiten der Umstrukturierung zu bewältigen – in enger grenzüberschreitender Zusammenarbeit mit Lothringen und Luxemburg.

Area: 2,569 square kilometres
Population: 1.02 million
Capital: Saarbrücken (population 176,000)
Principal cities: Neunkirchen (population 48,000), Völklingen
(40,000), Homburg (44,000), St. Ingbert (37,000)

Geography: The Saarland is the smallest German non-city state. It borders on France and Luxembourg. About thirty per cent is wooded with the greatest forest regions in the Saar central forest and the Schwarzwälder Hochwald, which is a part of the Hunsrück. The economic centres are to be found in the densely populated Saar valley.

History: Before industrialisation in the nineteenth century, the Saarland only had a weak territorial centre in the duchy (later principality) of Saarbrücken, and was generally influenced by the neighbouring realms – Trier, Metz, the Palatinate, Lorraine, later France. After the new order in Europe in the wake of the Napoleonic wars, the region mainly fell to the Prussian Rhine province, and smaller parts to the Palatinate as awarded by the Congress of Vienna in 1815.
In the middle of the nineteenth century, coal-mining and the production of steel were greatly intensified on the banks of the Saar, so that an economic unit was formed which soon merged with Lorraine, which had been annexed by the newly-founded German Reich after the Franco-Prussian War of 1870/71. In 1920, the Saar region first became a political unit, after the peace treaty of Versailles was put into effect. After French attempts at annexation had failed in 1918/19 due to the opposition of Great Britain and the USA, the region was administered by the League of Nations for 15 years. France got the coal mines and was able to integrate the Saarland in its customs jurisdiction, later even economically. The plebiscite of 1935, in which 90.8 per cent of the population voted for affiliation with the German Reich, was also a vote for National Socialist rule in respect of the changing political scene in Germany.
In summer 1945, France again sought to incorporate the Saarland in its sphere of control, and as its allies rejected the idea of a merger with France it opted for economic and monetary union, as laid down in the preamble to the Saarland's 17 December 1947 constitution. After the "European Saar Statute" had been rejected by 67.7 per cent of voters in the 23 October 1955 referendum, the Saarland problem was resolved by the 27 October 1956 Treaty of Luxembourg. On 1 January 1957, the Saarland became a state in its own right, with a three-year transitional period that ended on 5 July 1959. State governments have since aimed at eliminating the modernisation backlog in industry and transport and at coping with the need to restructure that has resulted from the coal and steel crisis, this having been undertaken in cross-border cooperation with Lorraine and Luxembourg.

Superficie: 2569 km²
Nombre d'habitants: 1,02 million
Capitale: Sarrebruck (176 000 habitants)
Villes principales: Neunkirchen (48 000 habitants), Völklingen
(40 000), Hombourg (44 000), St-Ingbert (37 000)

Géographie: La Sarre est le plus petit des Länder allemands mis à part les villes-Etats. Situé aux frontières de la France et du Luxembourg, presque 30 pour cent de son sol est planté de forêts dont les plus grandes s'étendent dans le centre du pays et sur les hauteurs de la Forêt-Noire, une partie du Hunsrück. Les centres économiques se trouvent dans la vallée de la Sarre à forte densité de population.

Histoire: Avant son industrialisation qui date du 19e siècle, la Sarre ne possède qu'un noyau territorial faible dans le Comté de Sarrebruck (qui deviendra par la suite un duché) et est marquée par l'influence de ses puissants voisins – Trèves, Metz, le Palatinat, la Lorraine et plus tard la France. À la suite de la réorganisation de l'Europe décidée au Congrès de Vienne en 1815 et qui suit les guerres napoléoniennes, le pays est annexé en majeure partie à la province rhénane de Prusse, et à une petite partie au Palatinat.
Au milieu du 19e siècle, l'extraction du charbon et la production de fer donne à la Sarre un puissant essor lui permettant de former un centre économique homogène qui, après le conflit franco-allemand de 1870/71 s'intègre dans la Lorraine voisine annexée alors au nouveau Reich allemand. En tant qu'unité politique, la Sarre n'existe que depuis 1920, à la suite de l'entrée en vigueur du Traité de paix de Versailles. Après les tentatives françaises d'annexion qui échouent en 1918/19 du fait de l'opposition de la Grande-Bretagne et de l'Amérique, la région est placée sous l'administration de la Société des Nations pendant 15 ans. La France administre les mines de charbon et englobe le pays dans ses frontières douanières et plus tard dans son économie. Le plébiscite de 1935 par lequel 90,8% de la population manifeste son désir d'appartenir au Reich allemand en vertu du changement des rapports politiques en Allemagne, représente également un vote pour la domination nationale-socialiste.
En été de l'année 1945, la France tenta de nouveau d'intégrer la Sarre à sa zone d'influence. Son rattachement à l'Etat français s'étant heurté au refus de ses alliés, elle opta en faveur d'une union économique et monétaire qui fut stipulée dans le préambule de la constitution sarroise le 17 décembre 1947. 67,7% de la population ayant refusé un «statut européen de la Sarre» le 23 octobre 1955, c'est le Traité de Luxembourg, signé le 27 octobre 1956, qui apporta la solution au problème sarrois. Le 1er janvier 1957, la Sarre devint un Etat de l'Allemagne. La période de transition, qui avait été fixée à trois ans, prit fin le 5 juillet 1959. Depuis lors, les différents gouvernements du Land s'efforcent de rattraper le retard qu'enregistrent l'industrie et les transports et de venir à bout des impératifs d'une restructuration exigée par la crise de la sidérurgie en coopérant étroitement avec la Lorraine et le Luxembourg, par-delà les frontières.

Sachsen | Saxony | Saxe

Fläche: 18 414 km²
Einwohner: 4,2 Millionen
Hauptstadt: Dresden (512 000 Einwohner)
Größere Städte: Leipzig (516 000 Einwohner), Chemnitz (244 000), Zwickau (94 000), Plauen (67 000)

Geografisches: Sachsen, das mit 227 Einwohnern pro Quadratkilometer dicht besiedelt ist, gilt als das Industriezentrum Mitteldeutschlands. Landschaftlich wird es im Süden vom Erzgebirge, im Südwesten vom Vogtland, im Osten von der Oberlausitz geprägt. Die schönste Region an der Elbe, die das Land von Süden nach Norden durchfließt, ist das Elbsandsteingebirge.

Geschichte: Mit der Person Heinrichs I., der als erster sächsischer Herrscher von 919 bis 936 deutscher König war, trat Sachsen in die Geschichte ein. Heinrich drang aus dem Harz in das von Slawen bewohnte Gebiet des heutigen Sachsen vor und setzte einen Markgrafen in Meißen ein. Deutsche Bauern kamen in das zuvor allein von Slawen bewohnte Land, die Missionierung begann.

1453 erhielt das Herzogtum Sachsen die Kurwürde und wurde zu einer führenden Kraft im Reich. 1485 erfolgte die Teilung des Landes unter den Herrscherbrüdern Ernst und Albrecht. Vom – heute zu Sachsen-Anhalt gehörenden – Wittenberg, der Residenz der Ernestiner, in der Martin Luther predigte, nahm 1517 die Reformation ihren Ausgang. Später wurde auch die Albertinische Region lutherisch.

Nach mehreren Kriegen erreichte Sachsen unter Kurfürst August dem Starken (Regentschaft 1694–1733), der ab 1697 auch König von Polen war, einen Höhepunkt in seiner Entwicklung. Im 18. Jahrhundert galt Sachsen unbestritten als eines der kulturellen Zentren Europas, doch politisch wurde es bald vom aufstrebenden Preußen überflügelt. Im Siebenjährigen Krieg (1756–1763), in den Napoleonischen Kriegen als Verbündeter Frankreichs und im Deutsch-Österreichischen Krieg (1866) als Alliierter Österreichs war Sachsen in der militärischen Auseinandersetzung mit Preußen stets der Verlierer. Zwar wurde das Land 1806 Königreich, es musste aber 1815 fast drei Fünftel seines Gebiets an Preußen abtreten – und erhielt damit ungefähr die heutigen Umrisse.

Im Zuge der in Sachsen besonders intensiven Industrialisierung bildete sich hier früh eine starke Arbeiterbewegung heraus. 1863 wurde der Allgemeine Deutsche Arbeiterverein als Vorläufer der SPD in Leipzig gegründet. Ab 1871 gehörte Sachsen zum Deutschen Reich und entwickelte sich bis 1914 zum am dichtesten bevölkerten Land Europas. Zum Ende des Ersten Weltkriegs wurde der Freistaat Sachsen ausgerufen. Während der nationalsozialistischen Herrschaft wurde das Land gleichgeschaltet. Der Zweite Weltkrieg traf Dresden besonders schwer: Durch Bombenangriffe der Alliierten starben im Februar 1945 kurz vor Kriegsende rund 35 000 Menschen. Nach Kriegsende wurde Sachsen, erweitert um das zuvor schlesische Gebiet um Görlitz, Teil der sowjetischen Besatzungszone. Wie alle anderen DDR-Länder wurde es 1952 bei der Gebietsreform in Bezirke aufgeteilt. Im Herbst 1989 waren die sächsischen Großstädte Zentren des gewaltlosen Widerstands gegen die SED-Herrschaft, der die Auflösung des Staates DDR, die Vereinigung Deutschlands und damit die Rekonstruktion des Landes Sachsen entscheidend mitbewirkte.

Area: 18,414 square kilometres
Population: 4.2 million
Capital: Dresden (population 512,000)
Principal cities: Leipzig (population 516,000), Chemnitz (244,000), Zwickau (94,000), Plauen (67,000)

Geography: Densely populated Saxony (227 people per square kilometre) is considered to be the industrial heartland of central Germany. In the south, the landscape is characterized by the Erzgebirge, in the southwest by the Vogtland, in the east by Oberlausitz. The most beautiful region on the banks of the Elbe, which flows through the state from south to north, is the Elbsandsteingebirge.

History: The history of Saxony begins with Heinrich I, who from 919 to 936 was the first Saxon ruler to reign as king of Germany. Heinrich, coming from the Harz, entered the region of today's Saxony, which until then had been settled by Slavs, and there put a margrave in power in Meissen. German peasants soon settled in the region, thus putting an end to the sole settlement by the Slavs, and missionary work soon ensued.

In 1453, the duchy of Saxony attained the title of an Electorate and became a leading power of the Reich. In 1485, the land was divided between the two sovereign brothers Ernst and Albrecht. From Wittenberg, the residence of the Ernestines and now part of Saxony-Anhalt, Martin Luther preached and the Reformation started to spread in 1517. Albertine Saxony later became Lutheran too.

After several wars, Saxony climbed to new heights in its development under the electoral prince Augustus the Strong (regency 1694–1733), who was also king of Poland as of 1697. In the eighteenth century, Saxony was undoubtedly respected as one of the cultural centres of Europe, but politically it was soon overshadowed by up-and-coming Prussia. In the Seven Years' War (1756–1763), in the Napoleonic wars as a French ally, and in the Austro-Prussian War (1866) as an Austrian ally, Saxony was always the loser in military conflicts with Prussia. Even though the state was declared a kingdom in 1806, it had to relinquish almost three-fifths of its territory to Prussia in 1815 – and thus it roughly attained the borders of today.

Due to especially intensive industrialisation in Saxony, a strong workers' movement developed at an early time. In 1863, the General German Workers' Union was founded in Leipzig, which was a precursor of the Social Democratic Party. From 1871 Saxony was a part of the German Reich and developed by 1914 into the most densely populated area in Europe. At the end of the First World War, Saxony was proclaimed a republic. During the National Socialist era, the state was brought into line. Dresden suffered most severely in the Second World War. A short time before the end of the war, in February 1945, about 35,000 people died in Allied air raids.

After the war, Saxony, by now enlarged by the Silesian region around Görlitz, became a part of the Soviet occupied zone. Like all other states of the GDR, it was divided into regions in 1952. In autumn 1989, the larger Saxon cities were centres of non-violent resistance to the rule of the SED, thus helping to bring about the end of the GDR and to reunite Germany, and making it possible to re-establish the state of Saxony.

Superficie: 18 414 km²
Nombre d'habitants: 4,2 millions
Capitale: Dresde (512 000 habitants)
Villes principales: Leipzig (516 000 habitants), Chemnitz (244 000), Zwickau (94 000), Plauen (67 000)

Géographie: Avec un chiffre de 227 habitants au kilomètre carré, la Saxe est le Land ayant la densité de population la plus élevée parmi les nouveaux Länder et est considérée comme le centre industriel de l'Allemagne moyenne. Son paysage est limité au sud par le Erzgebirge, au sud-ouest par le Vogtland et à l'est par la Oberlausitz. La plus belle région bordant l'Elbe, qui traverse le pays du sud au nord est formée par les rochers de grès dits Elbsandsteingebirge.

Histoire: La Saxe entre dans l'Histoire en la personne d'Henri Ier, premier souverain de Saxe devenu roi allemand et qui règna de 919 à 936. Venant de la région du Harz, Henri pénètre dans le pays occupé par les Slaves, la Saxe d'aujourd'hui, et établit un margraviat à Meissen. Des paysans allemands s'installent dans la région où ne vivaient jusqu'alors que des Slaves païens et la christianisation commence. Le Duché de Saxe est promu en 1453 au rang d'Electorat et devient alors une des forces motrices de l'Empire. En 1485, le pays est partagé entre les frères de cette dynastie, Ernst et Albrecht. C'est de Wittenberg, – qui fait aujourd'hui partie de la Saxe-Anhalt – résidence des «Ernstins» où prêche Martin Luther, que la Réforme prend son départ en 1517.

La Saxe atteint son apogée après de nombreuses guerres et sous l'Electorat d'Auguste le Fort (régence entre 1694 et 1733), également roi de Pologne dès 1697. Au 18e siècle, la Saxe est considérée comme l'un des centres culturels de l'Europe. Au plan politique, elle est cependant rapidement surpassée par la Prusse entreprenante. Dans tous les conflits militaires qui l'opposent à la Prusse, la Saxe est toujours perdante, à savoir durant la Guerre de Sept Ans (1756–1763), en tant qu'alliée de la France, durant l'ère napoléonienne et pendant la guerre entre l'Allemagne et l'Autriche (1866) où elle soutient les Autrichiens. La région devient un royaume en 1806, mais se voit cependant obligée de céder presque trois cinquièmes de ses territoires à la Prusse en 1815, obtenant ainsi presque sa configuration actuelle.

À la suite de l'industrialisation particulièrement intense de la Saxe, celle-ci voit naître bientôt déjà un mouvement ouvrier tres fort. L'Association générale des ouvriers allemands, mouvement précurseur du Parti social-démocrate allemand, est fondée en 1863 à Leipzig. Dès 1871, la Saxe se rallie à l'Empire allemand et devient jusqu'en 1914 la région la plus peuplée d'Europe. Après la Première Guerre mondiale, la Saxe fut proclamée Etat libre. La Seconde Guerre mondiale ravage terriblement Dresde. En février 1945, juste avant la fin de la guerre, les bombardements des alliés causent la mort d'environ 35 000 personnes.

Après la fin de la guerre, la Saxe se voit agrandie par l'annexion de la région autrefois silésienne entourant Görlitz, soit une partie de la zone d'occupation soviétique. Comme tous les Länder de la République démocratique d'Allemagne, la région est divisée dès 1952 en districts. Durant l'automne 1989, les centres des grandes villes de la Saxe servent de scènes aux manifestations de résistance non violente contre le joug de la SED, réclamant la dissolution de la République démocratique, la réunification de l'Allemagne et la reconstitution du Land de Saxe.

Fläche: 20 446 km²
Einwohner: 2,4 Millionen
Hauptstadt: Magdeburg (231 000 Einwohner)
Größere Städte: Halle (232 000 Einwohner),
Dessau-Rosslau (89 000), Wittenberg (47 000), Stendal (42 000)

Geografisches: Das Land Sachsen-Anhalt grenzt mit der Altmark an Niedersachsen, weist in der Magdeburger Börde eine besonders fruchtbare Region auf und reicht im Süden bis zu den Industriegebieten um Halle und Bitterfeld. Die höchste Erhebung ist der 1142 Meter hohe Brocken im Harz.
Geschichte: Sachsen-Anhalt ist reich an historischen Stätten und kulturhistorisch wichtigen Zeugnissen. Diese haben große Bedeutung für die deutsche Geschichte insgesamt; sie gehören auch zur Identität des jungen Bundeslandes. Das Gebiet des heutigen Sachsen-Anhalt gilt als „Wiege des Deutschen Reiches", da Heinrich I. (876–936) als erster deutscher König und Otto der Große (912–973) als erster deutscher Kaiser diesen Raum zum politischen wie auch zum wirtschaftlichen und kulturellen Zentrum ausbauten. Auf der Burg Falkenstein verfasste der aus Reppichau bei Köthen stammende Eike von Repgow (ca. 1180–ca. 1233) den „Sachsenspiegel", das älteste und einflussreichste deutsche Rechtsbuch. Von Wittenberg aus, wo Martin Luther und Philipp Melanchthon Anfang des 16. Jahrhunderts wirkten, nahm die Reformation ihren Lauf. Vom Bauhaus Dessau (1926–1932) gingen unter seinen Direktoren Walter Gropius, Hannes Meyer und Ludwig Mies van der Rohe wegweisende Impulse für die moderne Architektur aus.
Das Land Sachsen-Anhalt wurde hauptsächlich aus der beim Wiener Kongress 1815 geschaffenen Provinz Sachsen (die vom Königreich Sachsen getrennt worden war) sowie den Herzogtümern Anhalt-Dessau, Anhalt-Bernburg und Anhalt-Köthen gebildet. Die anhaltischen Gebiete waren weniger politisch als vielmehr kulturell bedeutsam; vor allem im 17. und 18. Jahrhundert blühten dort die Baukunst und das Musikleben. Davon zeugen die unter Fürst Leopold III. Friedrich Franz von Anhalt-Dessau angelegte Dessau-Wörlitzer Kulturlandschaft sowie das Wirken der Hofkapellmeister J. S. Bach und J. F. Fasch in Köthen bzw. in Zerbst. Die preußische Provinz Sachsen war ein rein künstliches Gebilde. Sie umfasste sowohl urbrandenburgische Landesteile wie die Altmark im Norden als auch ehemals sächsische und thüringische Gebiete im Süden. Dank reicher Bodenschätze nahm die preußische Provinz im 19. Jahrhundert einen gewaltigen wirtschaftlichen Aufschwung. Die Gegend um Magdeburg galt als Kornkammer Deutschlands, um Halle, Bitterfeld und Wolfen entstand eine bedeutende chemische Industrie. Aufgrund der Mittellage entwickelte sich das Gebiet zu einem bis heute bestehenden Verkehrsknotenpunkt.
Als selbstständige föderale Einheit gab es das Land von 1945 bis 1952, mit offizieller Bezeichnung „Land" lediglich zwischen 1947 und 1952. In der DDR ging es am 25. Juli 1952 im Wesentlichen in den neu geschaffenen Bezirken Halle und Magdeburg auf. Als eines der 16 Länder der Bundesrepublik Deutschland besteht Sachsen-Anhalt seit dem 14. Oktober 1990.

Area: 20,446 square kilometres
Population: 2.4 million
Capital: Magdeburg (population 231,000)
Principal cities: Halle (population 232,000),
Dessau-Rosslau (89,000), Wittenberg (47,000), Stendal (42,000)

Geography: The Altmark region of Saxony-Anhalt borders the state of Lower Saxony, while the Magdeburger Börde is a particularly fertile region. To the south, the state extends as far as the industrial regions around Halle and Bitterfeld. Its highest elevation is the 1,142-metre Brocken in the Harz Mountains.
History: Saxony-Anhalt boasts a wealth of historical sites and important cultural treasures. Apart from being of major significance for German history as a whole, they are part of the identity of the young federal state. The area covered by present-day Saxony-Anhalt is often called the "cradle of the German empire," for Heinrich I (876–936), the first German king, and Otto the Great (912–973), the first German emperor, built it up into a political, economic and cultural centre. In Burg Falkenstein, Eike von Repgow (c. 1180–c. 1233), who came from Reppichau near Köthen, wrote the Sachsenspiegel, the oldest and most influential German book of law. The Reformation began in Wittenberg, where Martin Luther and Philipp Melanchthon lived and worked in the early 16th century. The Dessau Bauhaus (1926–1932), directed by Walter Gropius, Hannes Meyer and Ludwig Mies van der Rohe, provided trail-blazing inspiration for modern architecture.
The federal state of Saxony-Anhalt was formed chiefly from the Prussian province of Saxony created at the 1815 Congress of Vienna by annexation from the Kingdom of Saxony, plus the duchies of Anhalt-Dessau, Anhalt-Bernburg and Anhalt-Köthen. The Anhalt regions are not so much politically as culturally significant. In the seventeenth and eighteenth century especially, they were flourishing centres of architecture and music. Testimony to this is provided by the Dessau-Wörlitz landscape shaped in the reign of Prince Leopold III Friedrich Franz of Anhalt-Dessau and the work of J. S. Bach and J. F. Fasch as court directors of music in Köthen and Zerbst. The Prussian province of Saxony was a somewhat artificial creation, comprising both areas such as the Altmark in the north, which had originally been part of Brandenburg, and former Saxon and Thuringian regions in the south. Thanks to its rich mineral resources, in the nineteenth century the Prussian province experienced a tremendous economic boom. The area around Magdeburg was regarded as the granary of Germany, and a major chemical industry grew up around Halle, Bitterfeld and Wolfen. As a result of its central location, the region became an important transport intersection, and remains so today.
The state existed as an independent federal unit from 1945 to 1952, though it only had the official title of "state" between 1947 and 1952. In the German Democratic Republic, on 25 July 1952 it was largely merged into the newly-created administrative districts of Halle and Magdeburg. Saxony-Anhalt has been one of the 16 states of the Federal Republic of Germany since 14 October 1990.

Superficie : 20 446 km²
Nombre d'habitants: 2,4 millions
Capitale: Magdebourg (231 000 habitants)
Villes principales: Halle (232 000 habitants),
Dessau-Rosslau (89 000), Wittenberg (47 000), Stendal (42 000)

Géographie: Le Land de Saxe-Anhalt, limitrophe de la Basse-Saxe par la région de l'Altmark, possède des terres particulièrement fertiles, la Magdeburger Börde, et s'étend, au sud, jusqu'aux régions industrielles de Halle et Bitterfeld.
Histoire: La Saxe-Anhalt abonde en sites historiques et en témoins de la culture et de la civilisation de ce pays. Tous revêtent une importance notoire quant à l'histoire allemande dans son ensemble et sont en même temps indissociables de l'identité de cet Etat fédéral de date récente. Le territoire sur lequel s'étend l'actuelle province de Saxe-Anhalt passe pour être le «berceau de l'Empire allemand», Henri Ier l'Oiseleur (876–936) ayant été le premier roi allemand et Othon Ier le Grand (912–973), le premier empereur germanique. Tous les deux surent faire de cette région un foyer tant politique qu'économique et culturel. C'est au château fort de Falkenstein que Eike von Repgow, qui vécut de 1180 à 1233 environ et était originaire de Reppichau, près de Köthen, écrivit le «Sachsenspiegel» (Le Miroir des Saxons), le plus ancien livre de droit allemand, ouvrage dont la portée fut des plus notoires. La Réforme prit son départ à Wittenberg où enseignèrent Martin Luther et Philipp Melanchton au début du XVIe siècle. La Bauhaus, école d'architecture et d'art de Dessau, qui fut successivement dirigée par Walter Gropius, Hannes Meyer et Ludwig Mies van der Rohe, fit œuvre de pionnière pour ce qui est de l'architecure moderne.
La province de Saxe-Anhalt avait été en majeure partie formée de la Saxe, province prussienne (détachée du Royaume de Saxe), créée au Congrès de Vienne en 1815, ainsi que des duchés de Anhalt-Dessau, Anhalt-Bernburg et Anhalt-Köthen. Les régions dont se constituait le Anhalt revêtaient une importance moins politique que culturelle. Au 17e et 18e siècles, l'architecture et la musique y furent tout particulièrement florissantes. En témoignent les vastes espaces paysagés de Dessau-Wörlitz, aménagés sous le règne du prince Leopold III par Friedrich Franz von Anhalt-Dessau, mais aussi le fait que J. S. Bach, maître de chapelle à la cour et J. F. Fasch y œuvrèrent, à Köthen et à Zerbst. La Saxe, province prussienne, constituait une entité plutôt artificielle. Elle comprenait tant les anciennes régions du Brandebourg, comme l'Altmark, au nord, que des territoires autrefois saxons et thuringiens, au sud. Grâce aux richesses de son sol, cette province prussienne prit, au 19e siècle, un essor considérable au plan économique. La région de Magdebourg était considérée comme le grenier à blé de l'Allemagne et une industrie chimique importante vit le jour à Halle, Bitterfeld et Wolfen. Située au centre du pays, cette région devint un important nœud de communication et l'est demeurée jusqu'à nos jours.
De 1945 à 1952, la Saxe-Anhalt constitua un Etat fédéré indépendant, qui ne porta officiellement le nom de «Land» que de 1947 à 1952. En République democratique allemande, ce dernier fut, dans sa majeure partie, incorporé aux circonscriptions alors nouvellement créées de Halle et Magdebourg, le 25 juillet 1952. Depuis le 14 octobre 1990, la Saxe-Anhalt fait partie des 16 Länder de la République fédérale d'Allemagne.

Fläche: 15 799 km²
Einwohner: 2,8 Millionen
Hauptstadt: Kiel (237 000 Einwohner)
Größere Städte: Lübeck (210 000 Einwohner), Flensburg (88 000), Neumünster (77 000), Norderstedt (72 000)

Geografisches: Die reizvolle Landschaft zwischen Nord- und Ostsee lockt viele Besucher auf die Nordfriesischen Inseln im Nationalpark Wattenmeer an der Westküste, in die hügelige Seenlandschaft der Holsteinischen Schweiz und in die bekannten Ostseebäder Timmendorf oder Damp. Auf halber Strecke zwischen Malta und dem Nordkap gelegen, ist Schleswig-Holstein durch die Ostsee mit Dänemark, Schweden, Finnland, Polen und den Ostseerepubliken Estland, Lettland und Litauen verbunden.
Das nördlichste Bundesland ist Motor der Ostseekooperation und Drehscheibe für die Länder rund um die Ostsee, die zu den Zukunftsregionen Europas gehören. Durch die Zusammenarbeit mit den Ostseeanrainerstaaten ist ein Netz von Partnerschaften mit Südschweden, West-Finnland, Südost-Norwegen, Estland, Danzig und Kaliningrad aufgebaut worden. In den zurückliegenden Jahren hat Schleswig-Holstein einen erfolgreichen Strukturwandel vollzogen und ist eine moderne Wirtschafts- und Technologieregion geworden. Neue und besonders zukunftsträchtige Beschäftigungsfelder wie die Umweltwirtschaft, Meeres-, Elektro- und Medizintechnik, Softwareentwicklung, Biotechnologie oder der boomende Telekommunikationsmarkt prägen inzwischen das wirtschaftliche Bild des Landes.
Geschichte: Die Geschichte Schleswig-Holsteins wurde von seiner engen Nachbarschaft zu Dänemark geprägt. 1460 schlug die Geburtsstunde Schleswig-Holsteins: In diesem Jahr wurde der Dänenkönig Christian I. zum Herzog von Schleswig und Holstein gewählt. Im Ripener Privileg garantierte er, dass beide Landesteile „Up ewich ungedeelt" bleiben sollten, eine heute noch viel zitierte Formel.
Weltgeschichte schrieb das Land 1918, als kurz vor dem Ende des Ersten Weltkriegs Tausende Matrosen der Kriegsmarine in Kiel für Frieden, Freiheit und Brot demonstrierten. Sie trugen damit zum Ende des wilhelminischen Kaiserreichs bei. Als Folge des Zweiten Weltkriegs wurde der preußische Staat aufgelöst, und durch Verfügung der britischen Militärregierung entstand im August 1946 das Land Schleswig-Holstein.
Ein besonderes Kennzeichen Schleswig-Holsteins ist seine kulturelle Vielfalt. Ein Heimatmuseum ist in jedem größeren Ort zu finden, und Schloss Gottorf genießt als Landesmuseum bundesweit einen besonderen Ruf. Anziehungspunkte sind auch das Freilichtmuseum Molfsee bei Kiel, in dem das Landleben vergangener Zeiten zu sehen und zu erleben ist, und das Museum auf dem Gelände der alten Wikingerstadt Haithabu.

Area: 15,799 square kilometres
Population: 2.8 million
Capital: Kiel (population 237,000)
Principal cities: Lübeck (population 210,000), Flensburg (88,000), Neumünster (77,000), Norderstedt (72,000)

Geography: The delightful scenery between the North Sea and the Baltic attracts many visitors to the North Frisian islands in the Wattenmeer (mud-flats) national park on the west coast, to the hilly lake district known as Holstein Switzerland and to the well-known Baltic seaside resorts of Timmendorf and Damp. Situated half-way between Malta and the North Cape, the Baltic Sea links Schleswig-Holstein with Denmark, Sweden, Finland, Poland and the Baltic states Estonia, Latvia and Lithuania. The northernmost federal state is the motive force behind Baltic cooperation and a turntable for the Baltic littoral states, which are one of the up-and-coming regions of Europe. Cooperation with the Baltic littoral states has led to the building of a network of partnerships with southern Sweden, western Finland, south-east Norway, Estonia, Gdansk and Kaliningrad. In recent years Schleswig-Holstein has successfully completed a structural transformation to become a modern economic and technological region. The state's economic image is now stamped by employment fields such as environmental management, marine, electrical and medical engineering, software development, biotechnology and the booming telecommunication markets, all of which hold great promise for the future.
History: The history of Schleswig-Holstein has been shaped by its close proximity to Denmark. Schleswig-Holstein came into being in 1460, when Christian I, king of Denmark, was elected Duke of Schleswig and Holstein. In the charter of Ribe he guaranteed that both parts of the country were to remain "undivided in perpetuity," words which are still often quoted. The state wrote world history in 1918, shortly before the end of the First World War, when thousands of sailors took to the streets of Kiel to demonstrate for peace, freedom and bread. By doing so, they helped to seal the fate of the Wilhelminian Reich. One of the consequences of the Second World War was the dissolution of the state of Prussia, and the state of Schleswig-Holstein came into being in August 1946 by proclamation of the British military government.
A particular feature of Schleswig-Holstein is its cultural variety. Every town of any size has a local history museum, and the Schloss Gottorf state museum in Schleswig has a country-wide reputation. Other attractions include the Molfsee open-air museum near Kiel, where visitors can see and feel what country life was like in days gone by, and the museum on the site of the old Viking settlement of Haithabu.

Superficie: 15 799 km²
Nombre d'habitants: 2,8 millions
Capitale: Kiel (237 000 habitants)
Villes principales: Lubeck (210 000 habitants), Flensbourg (88 000), Neumunster (77 000), Norderstedt (72 000)

Géographie: Les charmes de cette région, située entre la Mer du Nord et la Baltique, attirent nombre de visiteurs sur les îles de la Frise septentrionale, dans le «Parc national Wattenmeer», qui s'étend le long de la côte ouest, dans la «Suisse du Holstein», contrée de lacs vallonnée, de même que dans les stations balnéaires bien connues de la Mer Baltique, telles Timmendorf ou Damp. À mi-chemin entre l'île de Malte et le Cap Nord, le Schleswig-Holstein est relié par la mer Baltique au Danemark, à la Suède, à la Finlande, à la Pologne et aux Républiques baltes que sont l'Estonie, la Lettonie et la Lituanie. Cette province, aux confins nord de l'Allemagne, constitue le moteur de la coopération qui s'est instaurée entre les pays de l'Est balte, en même temps qu'elle est une plaque tournante pour les pays riverains de la Baltique qui font partie des régions d'avenir de l'Europe. Grâce à cette coopération, tout un réseau de relations basées sur le partenariat s'est tissé avec le sud de la Suède, l'ouest de la Finlande, le sud-est de la Norvège, l'Estonie, Gdansk et Kaliningrad. Au cours des années passées, les efforts entrepris par le Schleswig-Holstein afin de reformer ses structures, se sont vus couronnés de succès, ce qui a permis au Land de devenir une région économique moderne dotée de technologies de pointe. De nouveaux secteurs de l'emploi tout particulièrement prometteurs ayant trait à l'environnement, à la technique océanographique, à l'électrotechnique, à la technique médicale, au développement de logiciels, à la biotechnologie ou au marché des télécommunications – qui connaît actuellement un véritable boom – caractérisent entretemps l'image de marque de cette province au plan économique.
Histoire: L'histoire du Schleswig-Holstein porte l'empreinte de son étroit voisinage avec le Danemark. L'année 1460 marque la naissance de cette province: c'est en effet à cette date que Christian Ier, roi des Danois, fut élu duc de Schleswig et de Holstein. Dans le document dit «Ripener Privileg», il garantissait que les deux parties du pays resteraient «unies pour l'éternité», «Up ewich ungedeelt», selon la formule encore si souvent employée aujourd'hui.
En 1918, peu de temps avant la fin de la Première Guerre mondiale, se produisit un événement de portée internationale: des milliers de soldats de la marine de guerre manifestèrent à Kiel, réclamant la paix, la liberté et du pain. Ils contribuèrent ainsi à précipiter la chute de l'empire wilhelmien. La Seconde Guerre mondiale entraîna la dissolution de l'Etat prussien et c'est par décision du gouvernement britannique que fut créé, en août 1946, le Land de Schleswig-Holstein.
L'une des caractéristiques du Schleswig-Holstein est sa diversité culturelle. On y trouvera un musée d'histoire locale dans toutes les localités d'une certaine importance et le château de Gottorf, qui abrite le Musée régional, est renommé dans toute l'Allemagne. Parmi les sites particulièrement attrayants, on notera le Musée à ciel ouvert installé à Molfsee, près de Kiel, où l'on pourra découvrir la vie rurale des temps passés, mais aussi le Musée de Haithabu, aménagé à l'emplacement d'une ancienne ville des Vikings.

Fläche: 16 172 km²
Einwohner: 2,3 Millionen
Hauptstadt: Erfurt (203 000 Einwohner)
Größere Städte: Gera (101 000 Einwohner), Jena (103 000),
Weimar (65 000), Gotha (46 000)

Geografisches: Das Land Thüringen liegt im Zentrum des wiedervereinigten Deutschland, umgeben von Hessen, Niedersachsen, Sachsen-Anhalt, Sachsen und Bayern. Landschaftlich bestimmend ist der schmale Mittelgebirgskamm des Thüringer Waldes. Westlich davon steigt das Meininger Land bis zur Rhön an, östlich erstreckt sich die Ackerlandschaft des Thüringer Beckens.

Geschichte: Das Land Thüringen hat seine frühen Wurzeln im Königreich gleichen Namens, das von 400 bis 531 zwischen dem Main und dem Harz existierte. Nach den germanischen Toringi wechselten sich dann Franken und Sachsen in der Herrschaft ab; im 8. Jahrhundert begann die Christianisierung.

Im Mittelalter war Thüringen zunächst von den Landgrafen aus dem Geschlecht der Ludowinger geprägt, die 1130 die Herrschaft übernahmen und 1180 die Pfalzgrafschaft Sachsen ihrem Gebiet eingliederten. Ludowingischer Stammsitz war die oberhalb Eisenachs gelegene Wartburg, auf der sich die mittelalterlichen Minnesänger ihren „Sängerkrieg" geliefert haben sollen. Noch zweimal rückte die Wartburg danach ins Licht der Aufmerksamkeit: 1521 übersetzte Martin Luther hier die Bibel ins Deutsche, und 1817 wurde die Festung, als sich die Burschenschaften mit der Forderung nach einem deutschen Nationalstaat zum Wartburgfest versammelten, zum Symbol der Einheit Deutschlands.

Wie die gesamtdeutsche war auch die thüringische Geschichte frühzeitig – nach dem Aussterben der Ludowinger 1247 – von territorialer Zersplitterung bestimmt.

Thüringen fiel nach 1247 an das Haus Wettin, das sich nach der Leipziger Teilung von 1485 noch in eine Albertinische und eine Ernestinische Linie aufspaltete. Daneben gab es die kurmainzischen Gebiete Erfurt und das Eichsfeld, die Fürstentümer Schwarzburg-Rudolstadt und Schwarzburg-Sondershausen, die Fürstentümer Reuß, die gefürstete Grafschaft Henneberg und einige andere kleine Gebiete. Im 19. Jahrhundert bestanden in Thüringen zeitweise 15 verschiedene Kleinstaaten mit über 100 Gebietsenklaven.

Erst 1920 wurde aus den verbliebenen Kleinstaaten – vier Ernestinische Sächsische Herzogtümer, die Fürstentümer Schwarzburg-Rudolstadt, Schwarzburg-Sondershausen, Reuß ältere und Reuß jüngere Linie – das Land Thüringen mit Weimar als Hauptstadt gebildet. Es verlor seine Eigenstaatlichkeit mit der nationalsozialistischen Machtübernahme, wurde in den letzten Wochen des Zweiten Weltkriegs von amerikanischen Truppen besetzt, aber noch 1945 gemäß den Beschlüssen von Jalta der sowjetischen Besatzungszone zugeschlagen. Die DDR-Gebietsreform von 1952 teilte das Land in die Bezirke Erfurt, Gera und Suhl. Neue Landeshauptstadt des mit der deutschen Einheit 1990 wiedergegründeten Thüringen wurde Erfurt.

Area: 16,172 square kilometres
Population: 2.3 million
Capital: Erfurt (population 203,000)
Principal cities: Gera (population 101,000), Jena (103,000),
Weimar (65,000), Gotha (46,000)

Geography: Thuringia is situated in the centre of reunited Germany and is surrounded by Hesse, Lower Saxony, Saxony-Anhalt, Saxony, and Bavaria. The slim ridge of the Mittelgebirge with the Thuringian Forest characterizes the landscape. To the west, the Meininger Land rises up to the Rhön, and to the east, farmland spreads out in the Thuringian lowlands.

History: The state of Thuringia has its early roots in a kingdom of the same name which existed from 400 to 531 between the Main and the Harz. After the Germanic Toringi, the Franconians and the Saxons were alternately sovereigns of the region; in the eighth century, Christianisation set in.

During the Middle Ages, Thuringia was influenced by the dukes of the Ludovingian dynasty, whose reign commenced in 1130 and who also took over the palatinate duchy of Saxony in 1180. The main residence of the Ludovingians was the Wartburg above Eisenach, where the troubadours of the Middle Ages are said to have carried out their "war of the singers." Twice again the Wartburg was to be in the limelight. In 1521, Martin Luther translated the Bible into German there, and in 1817 the castle was to become the symbol of the unity of Germany due to the students' associations, who here organized the Wartburg festival, calling for a German nation-state.

Like Germany in general, Thuringian history was marked from an early stage – after the Ludovingians died out in 1247 – by territorial division.

After 1247 Thuringia fell to the Wettin dynasty. After the Leipzig Partition in 1485 the Wettins again split into the Albertine and Ernestine lines. There were in addition the Erfurt and Eichsfeld regions of the Electorate of Mainz, the principalities of Schwarzburg-Rudolstadt and Schwarzburg-Sondershausen, the principalities of Reuss, the earldom of Henneberg and several other small regions. In the nineteenth century, there were sometimes more than 15 different miniature states with over a hundred territorial enclaves in Thuringia.

At last, in 1920, the state of Thuringia was formed out of the remaining mini-states – four Ernestinian Saxon duchies, the principalities Schwarzburg-Rudolstadt, Schwarzburg-Sondershausen, Reuss (Elder Line), and Reuss (Younger Line). Its capital was Weimar. Thuringia lost its independence after the National Socialists seized power, and, in the last weeks of the Second World War, it was occupied by American troops, but as of early 1945 it was ceded to the Soviets, according to the decisions made in Yalta. Regional reform in the GDR in 1952 once again divided the state into the Erfurt, Gera, and Suhl districts. Thuringia, having been re-established as a state after German reunification in 1990, has a new capital, Erfurt.

Superficie: 16 172 km²
Nombre d'habitants: 2,3 millions
Capitale: Erfurt (203 000 habitants)
Villes principales: Gera (101 000 habitants), Jena (103 000),
Weimar (65 000), Gotha (46 000)

Géographie: La Thuringe se situe au centre de l'Allemagne réunifiée, et est entourée par la Hesse, la Basse-Saxe, la Saxe-Anhalt, la Saxe et la Bavière. Son paysage est caractérisé par l'étroite crête montagneuse des forêts de la Thuringe. À l'ouest, la région de Meiningen remonte jusqu'au Rhön, à l'est s'étendent les champs du bassin de la Thuringe.

Histoire: Les racines du Land de la Thuringe viennent du royaume du même nom ayant existé de 400 à 531 entre le Main et le Harz. Les Francs et les Saxons se relaient au pouvoir à la suite de la Toringi germanique. La christianisation du pays commence dès le 8e siècle.

Au Moyen-Age, la Thuringe est d'abord influencée par les Landgraves Ludovingiens qui prennent le pouvoir en 1130 et annexent à leur territoire le Comté palatin de la Saxe en 1180. Les Ludovingiens ont leur siège permanent dans la forteresse de la Wartbourg, édifiée au-dessus de Eisenach, et dans laquelle des minnesingers du Moyen-Age se seraient livrés leurs «Guerres des chanteurs». La forteresse de Wartbourg retient encore deux fois l'attention au cours de l'Histoire: Martin Luther y traduit la Bible en allemand en 1521 et en 1817, lorsque les confréries s'y retrouvent pour exiger, au cours d'une fête, la création d'une Confédération, symbolisant ainsi l'unité allemande.

Comme toute l'histoire allemande, celle de la Thuringe est marquée très tôt – après la disparition des Ludovingiens en 1247 – par le morcellement de ses territoires.

La Thuringe échut après 1247 à la Maison de Wettin qui se scinda elle-même en une ligne «Albertine» et une ligne «Ernestine» après la «Division de Leipzig», en 1485. La Thuringe se constituait également des provinces d'Erfurt et d'Eichsfeld, appartenant à l'électorat de Mayence, des principautés de Schwarzburg-Rudolstadt, de Schwarzburg-Sondershausen et de Reuß, du comté de Henneberg ayant accédé au rang de principauté et de quelques autres petits territoires. Au 19e siècle, la Thuringe comprend une quinzaine de petits Etats et plus de 100 enclaves territoriales.

Ce n'est qu'en 1920 que le reste de ces petits Etats, à savoir quatre duchés ernestins de Saxe, les principautés de Schwarzburg-Rudolstadt, Schwarzburg-Sondershausen, l'ancienne et la nouvelle lignée Reuß sont réunis et forment la Thuringe avec Weimar pour capitale. La prise de pouvoir nationale-socialiste lui fait perdre son indépendance et elle est occupée durant les dernières semaines de la Seconde Guerre Mondiale par les troupes américaines. Cependant, le Traité de Yalta, signé en 1945, en fait une zone d'occupation soviétique. La réforme régionale de la République démocratique d'Allemagne, opérée en 1952, divise ce Land en districts, à savoir Erfurt, Gera et Suhl. Erfurt est la capitale de la Thuringe recréée en 1990.

Gerhard Launer

Geboren 1949. Studium im Fach Violine am Konservatorium Würzburg. Aufgrund eines Unfalls musste er sein Ziel, Berufsmusiker zu werden, aufgeben. Während des Diplom-Studiums zum Grafik-Designer erlangte er die Berufspilotenlizenz, verband seine Interessen Fotografie und Fliegen und machte diese zu seinem Beruf: Luftbildfotograf.

Gerhard Launer

Born in 1949, studied the violin at Würzburger Conservatory. An accident forced him to abandon his aim of becoming a professional musician. He passed a professional pilot's licence while studying for a diploma in graphic design and, combining his interests in photography and flying, made them his career as an aerial photographer.

Gerhard Launer

Il est né en 1949 et a fait des études de violon au Conservatoire de Würzbourg. À la suite d'un accident, il doit renoncer à son intention de devenir musicien professionnel. Pendant ses études de designer graphiste, il obtient sa licence de pilote professionnel qui lui permet de concilier son intérêt pour la photographie et l'aviation. Il en fait alors son métier de photographe aérien.

Titelbild/Front cover/Couverture

Schloss Neuschwanstein, Bayern

Rückseite/Back cover/Quatrième de couverture

Sylt, Schleswig-Holstein (links), Brandenburger Tor, Berlin (mittig), Chiemsee, Bayern (rechts)

Quellennachweis

Thomas Mann: Deutschland und die Deutschen; aus: Gesammelte Werke XI, Reden und Aufsätze, 3. Auflage, Frankfurt 1960/1974.
Thomas Mann: Germany and the Germans. Ins Englische übersetzt von Erika Mann. Alle Rechte vorbehalten, S. Fischer Verlag GmbH, Frankfurt am Main.
Thomas Mann: L'Allemagne et les Allemands: Un extrait de «Les exigences du jour» de Thomas Mann, dans la traduction de Louise Servicen et Jeanne Naujac
© Editions Grasset & Fasquelle, 1976

Impressum

Bibliografische Information der Deutschen Bibliothek
Die Deutsche Bibliothek verzeichnet diese Publikation in der Deutschen Nationalbibliografie; detaillierte bibliografische Daten sind im Internet über http://dnb.ddb.de abrufbar.

ISBN 978-3-8319-0411-2

© Ellert & Richter Verlag GmbH, Hamburg 2010

Fotos/Photos/Photographie:
Gerhard Launer, Rottendorf
Redaktion/Edited by/Rédaction:
Claudia Schneider, Hamburg
Übertragung ins Englische/English translation/
Traduction anglaise: Paul Bewicke, Hamburg
Übertragung ins Französische/French translation/
Traduction française: Michèle Schönfeldt, Hamburg
Gestaltung/Design/Maquette:
Büro Brückner + Partner, Bremen
Lithografie/Lithography/Photogravure:
Offset Repro Centrum, Hamburg
Druck/Printers/Impression:
Girzig + Gottschalk, Bremen
Bindung/Binding/Reliure: S. R. Büge GmbH, Celle
www.ellert-richter.de